KB214344

인피니트 웨이:

"걸림없는 삶"을 위한 필요충분조건

옮긴이 유영일

"내 안의 신성(神性)"이 꽃 피어나는 삶을 격려하고 응원하는 글을 쓰고 옮기고 편집하는 일을 한다. 지은 책으로 『마하무스 이야기』(우화), 『백일 감사』(에세이), 옮긴 책으로 『내 안의 나』, 『기적의 치유 코스』, 『지금 이 순간을 살아라』, 『문: 길은 언제나 내 안에 있다』, 『존재만으로 이미 충분한 당신』, 『나는 없다』 등이 있다.

옮긴이 이순임

저마다의 가슴에 이미 내장되어 있는 신성의 불씨에 관심과 초점을 모아 마침내 불을 일으키는 일에 촉매가 되고자 세상에 태어났다고 믿는다. 지은 책으로는 에세이집 『당신은 이미 꽉 찬 보름달입니다』, 잠언시집 『말할 수 없는 위안』(공저), 옮긴 책으로는 『당신 안의 그리스도』, 『보이지 않는 공급자』 등이 있다.

인피니트 웨이: "걸림없는 삶"을 위한 필요충분조건

펴낸날 ‖ 2020년 4월 25일 초판 1쇄 발행
2023년 3월 15일 초판 2쇄 발행

지은이 ‖ 조엘 골드스미스

옮긴이 ‖ 유영일, 이순임

펴낸곳 ‖ 올리브나무 출판등록 제2002-000042호
경기도 고양시 일산동구 정발산로 82번길 10, 705-101
전화 070-8274-1226, 010-7755-2261
팩스 031-629-6983   E메일 yoyoyi91@naver.com
인스타그램 https://www.instagram.com/olive.tree.books/

펴낸이 ‖ 유영일

값 13,000원

ISBN 978-89-93620-87-0   03230

인피니트 웨이

"걸림없는 삶"을 위한 필요충분조건

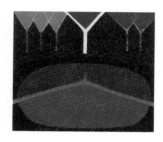

● 조엘 골드스미스 / 유영일, 이순임 옮김

올리브
올나무

초대의 말

삶은 문제풀이의 연속입니다. 애써 문제를 풀어 나가다 보면
문제풀이의 고수가 될 수도 있습니다. "뿌린 대로 거두리라."는
인과율이나 "타인이 나에게 해주기를 바라는 대로 행하라."는
황금률을 터득하여, 어느 정도 달인이 될 수도 있을 것입니다.

그러나, 그럼에도 불구하고, 문제들에 둘러싸여 문제를 풀어
나가는 것에는 한계가 있게 마련입니다. 오감이 인식하는 세상은
어차피 가짜들뿐이고, 가짜들 속에서 헛것을 붙잡으려고 애써
왔다는 것을 언젠가는 깨우치게 됩니다.

헛된 것들에 매료되어 헛된 것들을 붙잡으려고 했던 "그물질"이
더 이상 의미가 없다는 것을 깨우친 분들은, 그동안 익숙해 왔던
그물을 버리고 새로운 길을 떠납니다.

물질에 취하고 세상에 취하여 사람과 조건에 의지하는 삶은 문제의
연속일 수밖에 없고, 문제가 생기는 차원 안에서는 문제를 제대로
풀 수 없습니다. "나는 세상에 속하지 않는다."고 하셨던

예수처럼 더 높은 차원으로 상승하여 '문제를 푼다'는 생각도 없이 문제를 풀어내는 "진정한 대가"가 되기 위해서는, 문제들을 내려다볼 수 있도록 위로 위로 올라가야 합니다.

위로 올라갈수록 문제가 제대로 보이고, "나"는 문제 자체(생존, 사랑, 건강, 재물, 인간관계, 명예)가 아니라 "문제를 경험하는 자"임을 깨닫게 되어 "존재의 새로운 지도"를 그릴 수 있게 됩니다.

바람 잘 날 없는 오감의 세상 안에 있으면서도 거기에 매이지 않고 자유와 풍요를 구가하는 삶! 그 길은 바깥으로 멀리 뻗어 있지 않습니다. 그 길은 거짓된 에고에 더 이상 속지 않고 진정한 "나"(I AM)에게로 돌아가 안기는 길입니다. 우리의 삶과 안녕을 "보이지 않는 무한대의 근원" 위에 집짓는 일입니다.

"인피니트 웨이"에 들어서신 것을 진심으로 환영합니다.

옮긴이 유영일, 이순임 드림

당신에게
이미 다 가지고 있는 당신에게

문을 나서지 않고도 세상을 알고
창으로 내다보지 않고도 하늘의 도를 안다.
멀리 나갈수록 오히려 앎이 적어지니
이런 이치에서 성인은
가지 않고도 알고,
보지 않고도 지혜가 밝고
함이 없이 행한다.
― 노자 (도덕경 47장)

진실은 우리 자신 안에 있다.
우리 모두의 내면에는 진리가 충만하게 머무는
지성소 같은 곳이 있다. 빛을 찾아 바깥을 헤매지 말라.
자기 안에 갇혀 있는 광휘를 꺼내어 빛나게 하라.
— 로버트 브라우닝

신은 우리의 가슴을 그분의 거처로 삼으셨다.
그분이 우리를 깨우실 때,
영감의 빛이 우리를 따뜻하게 데워 준다.
이 거룩한 매혹은
사람에게 이미 뿌려져 있는 "신성한 마음"의 씨앗으로부터
솟아난다.
— 오비디우스

사람들은 대부분 스스로
문제를 풀려고 하지 않는다.
자기 자신 안에 있는 비밀의 방들은
탐색하려고 하지 않고,
이곳 저곳을 기웃거리며 문제를 해결하려고 한다.
— 발디바르

차례

초대의 말 / 옮긴이 · 4

시작에 앞서 · 15

"불멸의 옷" 입기 · 19

'영으로서의 나'를 깨닫기 · 33

내면의 신 · 47

존재의 새로운 지도 · 64

영혼 · 83

명상 · 95

기도 · 104

치유 · 114

무한공급 · 136

궁극의 지혜 · 155

새로운 지평 · 188

새 예루살렘 · 193

"인피니트 웨이" 수련법 · 197

시작에 앞서

죄, 질병, 빈곤 등에 더 이상 시달리지 않고 살 수 있는 길이 과연 있을까요? 사회적인 변동에 출렁거리지 않고, 안정적이고 풍요로운 삶을 누릴 수 있는 길이 있을까요? 사람들은 대부분 이런 질문을 제기할 엄두조차 내지 않습니다. 인간으로 태어난 이상 누구나 감내해야 할 고통과 질곡이 있게 마련이라는 고정관념에 물들고 길들여져서 습관적으로 살아가기 때문입니다.

삶이라는 것이 고통의 연속이기는커녕 '날마다 축제'일 수도 있다고 누군가가 말한다면, 세상 사람들은 당장 '어떻게 그럴 수가 있지?'라고 오히려 의문을 제기할 것입니다. 하지만 저는 자신있게 대답할 수 있습니다. 예, 삶은 축제일 수 있습니다. 죄, 질병, 빈곤 같은 것이 침범하지 않을 수 있을 뿐만 아니라, 절대의 행복과 평화 속에서 이 삶의 강을 건널 수 있습니다.

그 길은 우리들 외부의 어딘가로 나 있는 것이 아닙니다. 무엇보다 먼저, 우리 자신의 내면으로 들어가, 나와 세계를 바라보는 우리 자신의 인식을 바꾸어야 합니다. 우리 자신과 삶을 영적으

로 이해하고 의식하는 것이야말로, 삶에 참된 변화를 가져올
수 있는 진정한 길입니다.

　인간과 세상을 물질적인 것으로만 바라보는 세계관은 개인
이나 국가의 존립에 두려움을 조장하게 마련입니다. 날이 갈수록
파괴적인 힘을 발휘하는 무기가 개발됨에 따라, 이러한 두려움은
앞으로도 계속될 것이고 더욱 강화될 것입니다. 이런 힘의 최신판
은 일종의 화학 무기로서, 주먹만한 크기의 것으로도 미국과
캐나다의 전체 인구를 몰살시키기에 충분할 것이라고 합니다.
더욱 가공할 만한 것은, 이것이 물질적인 파워의 끝판왕은 결코
아니라는 점입니다. 이런 화학무기나 원자폭탄 같은 것을 이길
수 있는 물질적인 파워는 없습니다. 모든 것을 물질로 바라보고
해결하려 한다면, 희망은 없습니다. 나와 세계를 영적으로 바라보
고 인식해야 합니다. 영적인 의식을 갖고 살아야만 우리는 비로소
안전, 조화, 건강의 길을 찾을 수 있습니다.

　선이든 악이든 진정한 힘이 아닌 것들에 대한 모든 믿음이
팽배함에도 불구하고, 열쇠는 물질에 있는 것도 아니고 인간과
우주를 물질로 보는 인식에 있는 것도 아닙니다. 자기 자신이나
세계를 영적으로 바라볼 수 있어야 하고, "영"의 실재를 스스로

체험하고, 또 증거할 수 있어야 합니다.

생명과 생명의 활동을 영적으로 바라보는 의식을 갖기 위해서는, 존재를 물질로 바라보는 인식에서 벗어나야 합니다. 나와 세상의 실상을 바르게 보려는 노력을 통하여, 그동안의 잘못된 사고방식과 인식의 습관에서 누구나 놓여날 수 있습니다. 그것이 바로 모든 시대의 선견자들, 예언자들, 성자들의 비밀입니다.

고대의 가르침을 따르는 오늘날의 많은 사람들이 삶 속에서 건강과 부, 안녕을 누리고 있습니다. 삶의 근본 이치를 터득한 사람들이 누리는 자유와 행복은 그 뿌리가 튼튼하여 세상 풍파에 무너지지 않습니다. 이리 쏠리고 저리 밀리면서 성공을 추구하는 사람들은, 진정한 성공이란 영적 의식의 획득을 통하여 물질적 사고방식을 내려놓음으로써만 가능하다는 것을 터득할 필요가 있습니다. 그때, 희망이 생겨납니다.

"어떻게 하면 이 영적 의식을 얻을 수 있을까요? 물질적인 사고방식을 어떻게 해야 내려놓을 수 있을까요?"

이것이 문제입니다. 해답은 무엇일까요?

"모든 시대를 통하여 밝혀지고 계시된 우주 의식에 대하여,

'영혼'에 대하여, 영적 창조와 그 법칙에 대하여 그 실상을 탐구하십시오, 이러한 계시들의 영적 자각이 삶 속에 스며들게 하십시오."

이 작은 책자 속에, 나는 모든 시대의 주요 종교와 철학에 대해 30년 이상 연구해 오면서 터득한 것들, 그리고 지난 15년 동안 인간이 겪는 모든 문제들—건강, 비즈니스, 가정생활 및 안녕의 문제들에 이를 적용하면서 깨달은 것들을 압축해서 담았습니다.

삶을 영적으로 바라보고 해석할 때, 내면의 평안이 찾아오고, 외적으로 하는 일에도 평화가 따르게 됩니다. 바깥 세상은 진리, 곧 실상에 대한 내적 인식을 그대로 반영합니다.

이 계시의 진실성과 권위는 바로 당신 자신에게 달려 있습니다. 당신이 스스로 안에서나 밖에서 이러한 변화를 경험함에 따라 당신은 점점 더 이를 확신하게 될 것입니다.

"불멸의 옷" 입기

"태초에 '말씀'이 계셨다. 그 '말씀'은 하나님과 함께 계셨고, 그 '말씀'은 곧 하나님이셨다. …그리고 '말씀'이 육신이 되었다."

"'말씀'이 육신이 되었다"—그러니 육신은 육신이기만 한 것이 아니라, 여전히 '말씀'이기도 합니다. 육신이 되더라도 그 본질이나 성질은 달라지지 않습니다. 원인(말씀)은 결과(육신)로서 눈에 보이게 되지만, 육신의 본질이나 정수는 여전히 '말씀'이고, '영'이고, '의식'입니다.

이러한 지혜 안에서, 우리는 영적 우주와 물질적 우주가 따로 존재하지 않는다는 것을 알 수 있습니다. 세상에 나타나는 것은 육화된 '말씀'이고, 눈에 보이게 된 '영'이며, 생각으로 표현된 '의식'입니다.

오랜 세월 동안 인간 세상을 지배해 온 모든 문제들은, 두 세계가 따로 존재한다는 믿음이나 이론에 근거합니다. 하늘 왕국, 곧 영적인 삶이 따로 있고, 물질 세상, 곧 죽어질 존재가 따로 있다는 믿음이 오늘날 우리가 경험하는 세상에 바탕으로 깔려 있어 작동하기 때문에, 세상의 풍경들을 그토록 모순과 갈등과 문제의 연속으로 만들게 되는 것입니다.

두 세계가 따로 있다고 인식하면서도 사람들은 기도를 통해 다른 세계, 곧 영적 세계와 접속하여 인간 세상의 부조화를 해결하려고 합니다. 물질적인 차원에 하나님이나 성령이 역사해 주시기를 바라는 기도가 바로 그런 현상의 대표적인 사례입니다.

무엇보다 먼저, 우리가 사는 세상이 잘못된 것이 아니라, 세상을 바라보는 우리의 인식이 문제라는 것을 이해해야 합니다. 우리가 살고 있는 우주는 인간의 그릇된 개념을 기꺼이 받아들이는 현실의 영역입니다. 우리가 잘못된 인식을 가지고 세상을 처음부터 끝까지 오해하더라도, 우주는 전혀 상관하지 않습니다. 그러므로, 우리가 경험하는 세상에 건강과 조화를 가져오는 일은, 필멸의 물질 우주를 없애거나 변화시키는 데에 달려 있는 것이 아니라, 존재에 대한 우리의 제한된 관념을 고치는 데에 달려 있습니다.

참을 찾는 구도자는 한 가지 문제에서부터 자신의 탐색을 시작합니다. (여러 문제로 보이지만, 사실은 한 가지 문제입니다.)

입문자는 더 지고한 힘을 가진 분께 기도를 함으로써, 그리고 영적인 법칙이나 진리를 세상적인 환경에 적용함으로써, 부조화를 극복하려고 하고 병을 치유하려고 합니다. 이것이 초보 구도자의 첫 번째 증상입니다. 하지만 때가 되면 그는 인간의 문제에 진리를 적용하는 것이 잘 듣지 않는다는 것을, 혹여 듣는 일이 있더라도 언제나 듣는 것은 아님을 발견하게 됩니다. 당연히, 자신의 탐구에 불만을 갖게 됩니다.

결국 그는, 죽어질 운명의 사람들은 자신의 인식이 잘못되었다는 것을 송두리째 받아들일 수 있게 될 때만이 '불멸성을 웃입는다'는 위대한 계시로 인도됩니다. 인간 조건에 불멸의 영적 조화를 더하는 것이 아닙니다. 하나님이 물질적인 문제들을 창조하거나 통제하는 것이 아닙니다. "육에 속한 사람들은 하나님의 영에 속한 신령한 일들을 받아들이지 아니합니다. 그런 사람에게는 이런 일들이 어리석게 여겨져서, 이해할 수가 없습니다. 왜냐하면 그들은 영적인 분별력이 없기 때문입니다"(고전 4:14).

우리 스스로 물어보아야 합니다. 인간적인 목적을 위해서 '하나님의 신령한 것들'을 추구하고 있는 것은 아닌지, 영적인 세계의 조화를 보고 싶은 나머지 죽어질 인간적인 것들을 '벗으려고' 애를 쓰는 것은 아닌지.

우리가 병과 죄와 결핍감에 맞서서 소위 이 세상의 힘과 경쟁하고, 갈등하고, 고투할 때, 영적인 선각자는 이렇게 말합니다. "나의 왕국은 이 세상에 속해 있지 않다." 우리가 인간성을 향상시키고자 하는 욕망을 초월할 때에만, 우리는 이 생명의 말씀을 이해할 수 있게 됩니다. 그리하여, 우리가 인간적으로 더 나은 것들을 찾아 헤매는 시도를 더 이상 하지 않게 될 때, 우리는 비로소 "내가 세상을 이겼다"는 의미를 얼핏이나마 파악할 수 있게 됩니다.

우리가 세상의 고통을 줄이려고 애쓰거나 세상적인 즐거움과 이익을 더 많이 얻으려고 애쓰는 동안에는, 세상을 이길 수가 없습니다. 세상의 문제들과 싸우고 투쟁한다는 인식을 떠나지 않고 있다면, 그는 아직 하늘의 영역에 한 걸음도 들여놓지 못하고 있는 것입니다.

"왜냐하면 하나님에게서 태어난 사람은 다 세상을 이기기 때문입니다"(요일 5:4). 영으로서의 의식은 세상을 이깁니다. 세상의 고통과 즐거움 모두를 극복합니다. 영으로서의 삶은 정신력이나 육체의 힘만으로는 이룩할 수 없습니다. 영으로서의 삶은, 신령스러운 것들에 대한 생각에 몰입하고 헌신함으로써 누구나

기를 수 있는 존재에 대한 영적 감각을 통해서만 가능해집니다. "세상에 있는 모든 것, 곧 육체의 욕망과 눈의 욕망과 세상 살림살이에 대한 자랑은 모두 하늘 아버지에게서 온 것이 아니라, 세상에서 온 것이기 때문입니다"(요일 2:16). 여기에 길이 있습니다.

잠시 동안이라도 당신의 생각과 목표, 야망이 어디를 향하고 있는지, 당신의 마음이 당신의 건강과 감각의 쾌락, 세상적인 이익을 얻기 위해 고투하고 있는 것은 아닌지, 지켜보십시오. 이런 세상적인 생각들이 떠오를 때에는, 그것들을 거부할 수 있어야 합니다. 우리는 이제 인간의 문제들을 개선하는 길을 가려고 하는 것이 아니라, 영적인 왕국을 성취하는 길에 나섰기 때문입니다.

"세상을 사랑하지 마십시오, 세상에 속한 어떤 것들도 사랑하지 마십시오. 누구든지 세상을 사랑한다면, 그 사람에게는 아버지 하나님을 향한 사랑이 없습니다"(요일 2:15). 금욕주의자의 말처럼 들립니까? 이제부터는 평범하고, 기쁘고, 성공적인 삶과는 다른 삶을 살라는 말처럼 들립니까? 그렇지 않습니다. 속지 마십시오. 영적인 것들에 주의를 기울이고 집중하는 법을 터득한 사람들만이 가정에서의 온전한 기쁨, 온전한 동료애를 맛볼 수 있고,

성공적인 기업을 일굴 수 있습니다. 신 안에 중심을 둔 사람들만이 전쟁이 벌어진 세상 한복판에서 안녕과 평화를 발견하고 누릴 수 있습니다. 영적인 지각을 가지고 살아간다고 해서 인간의 정상적인 환경에서 떠나야 하는 것이 아닙니다. 온전한 삶을 살려면 반드시 있어야 하는 사랑과 동료애를 저버려야 하는 것도 결코 아닙니다. 더 이상 우연이나 변화나 상실에 좌우되지 않고, 소위 '인간의 몸을 입고 살아가는 현장'을 영적 가치로 자리매김할 수 있어야 합니다.

"썩어 없어질 양식을 얻기 위해 애쓰지 말고, 영원토록 남아 있을 양식을 얻기 위해 애쓰십시오"(요 6:27). 왜냐하면 "하나님의 나라는 먹고 마시는 일이 아니라, 성령 안에서 누리는 의와 평화와 기쁨이기 때문입니다"(롬 14:17 참조).

인간적인 문제에 직면할 때에는, 그것이 어떤 문제이든, 인간의 조건을 개선하려고 애쓰지 마십시오. 대신, 그림자 같은 세상에 현혹되지 마시고, 당신 안에 신령스러운 영이 현존함을 실감하십시오. 이 신령스러운 영이 인간적인 모습을 녹이고 영적인 조화를 드러냅니다. 이러한 조화가 나타나게 되면 인간의 건강이나 부가 개선된 것으로 보이게 됩니다. 예수께서 무리를 먹이셨을 때, 풍요로움에 대한 그분의 영적인 의식이 빵과 물고기로 나타난 것입니다. 그가 병자를 고치셨을 때, 신의 현존에 대한 그분의 느낌이 건강과 힘과 조화로 나타난 것입니다.

이것은 바울의 다음과 같은 말로 요약될 수 있습니다. "땅에 있는 것에 매이지 말고, 위에 있는 것에 마음을 주십시오"(골 3:2).

우리는 영적인 우주에 살고 있지만, 영적인 우주에 대한 우리의 제한된 지각은 우리 앞에 제한된 그림을 보여줄 뿐입니다. 생각이 "이 세상"이라는 그림 위에 있는 한, 우리는 그것을 개선하거나 변화시키기 위한 끊임없는 노력에 참여하게 됩니다. 우리가 눈을 들어 올려서, 먹고 마시고 입을 것으로부터 떠나자마자, 우리에게는 우리의 개선된 믿음으로서 나타나는 영적 실재를 보기 시작합니다. 인간의 현실에 실재 세계가 더 많이 나타나게 되는 것입니다. 실재가 더 많이 구현되기 때문에, 지금까지 말해진 적이 없는 기쁨이 동반되고, 우리의 거친 상상력을 뛰어넘는 즐거움을 누리게 됩니다. 만나는 모든 이들에게, 심지어는 우리가 발견한 새로운 삶이 어떤 것인지를 전혀 모르는 사람들에게마저 사랑을 느끼게 됩니다.

"나는 여러분의 마음에 평안을 남기고 갑니다. 내가 주는 평안은 세상은 주는 평안과는 다릅니다"(요 14:27).

"하나님께서는 이 세상의 영이 아닌 하나님의 영을 우리에게 주셨습니다. …우리가 이렇게 말하는 것은, 사람의 지혜가 가르쳐 준 말로써가 아니라, 신령스러운 영이 가르쳐주신 말로써 하는 것입니다. …하지만 신령하지 아니한 사람은 하나님의 신령스러운 영에서 비롯된 것들을 받아들이지 않습니다. 그런 사람들은 영적인 일들을 어리석은 것으로 여겨서 도무지 이해할 수가 없습니다. 그들은 영적인 분별력이 없기 때문입니다"(고전 2:12~14 참조).

이 점에서 우리는 얼마나 자주 바위처럼 무딘 것인지요! 얼마나 자주 인간적인 지식으로 영적인 지혜를 이해하려고 하는 것인지요! 우리가 정신적인 소화불량으로 힘들곤 하는 까닭은, 교육에 의해 길들여진 지식으로 영적인 음식을 소화하려고 애쓰기 때문입니다. 진실은 이성적인 추론의 과정이 아닙니다. 영적인 분별력이 있어야 합니다. 참은 하나의 명제나 법칙으로서 우리의 이성에 호소하지 않습니다. 만약 그런 식으로 여겨진다면, 우리는 그것이 과연 참인지 더 깊이 탐구하지 않으면 안 됩니다. 합리적으로 그럴듯하게 보인다면, 그것이 과연 참인지, 의심해야 합니다.

예수께서는 물 위를 걸으시고, 빵 몇 덩어리와 물고기 몇 마리로 수많은 사람들을 먹이시고, 병자를 고치시고, 죽은 자를 살리셨습니다. 이 모든 것은 결코 합리적인 일들이 아닙니다. 이러한 일들의 근본 원리가 이성을 통해 이해될 수 있다면, 모든 교회는 그것을 현재의 가능성으로 가르치고 실천을 권장해야 할 것입니다. 그러나 이 원리는 단지 영적인 의미에서만 명백하게 되고, 이렇게 함양된 영적 의식으로 우리는 그리스도가 행하신 일들을 행할 수 있습니다. 우리가 예수와 동일한 의식을 갖기만 한다면, 그리스도 의식을 가진 예수에게 가능했던 일들이 지금도 가능하게 될 것이고, 그래야 마땅합니다.

우리는 바로 그 영적 자각을 기르는 일을 하고자 합니다. 우리의 성공은 우리가 얼마나 정신적인 투쟁을 멈추고 하나님의 신령스러운 영이 가르치는 것들을 받아들이냐에 달려 있을 것입니다. 신령스러운 영이 우리의 육체와 물질 문제에 작용하도록 노력하는 대신, 죽어질 세상 그림들을 무시하고 위를 바라보는 일에 길들여져야 합니다. 그렇게 위의 것들에 집중하다가 "다시 지구로 내려오면", 우리는 지각의 부조화와 한계가 어느덧 사라지고 없다는 것을, 실재 세계가 더 많이 구현되어 나타나기 시작하는 것을 보게 볼 것입니다.

신의 왕국은 더 많은 것들, 더 나은 것들에 관한 것이 아닙니다. 실상에 대한 더 많은 말들이 필요한 것도 아닙니다. 영적인 깨달음의 열매는 더 큰 조화, 더 큰 평화, 더 큰 번영, 더 큰 기쁨, 더 이상적인 동료애와 관계로 나타납니다.

"우리가 늘 하나님께 감사드리는 것은, 우리가 여러분에게 하나님의 말씀을 전했을 때에 여러분이 그것을 사람의 말로 받아들이지 않고, 있는 그대로, 하나님의 말씀으로 받아들였다는 것입니다. 이 하나님의 말씀은 믿는 여러분의 마음속에서 살아 움직이고 있습니다"(살전 2:13).

신의 말씀이나 영적인 의미를 받아들이기 위해서는, 이성보다는 느낌이 더 필요합니다. 성서의 말씀 또한, "가슴으로" 받아들여야 합니다. 영적 의식의 발달은 존재의 조화를 더 많이 느끼게 되는 은사로 나타난다는 점에 주목하십시오. 보고, 듣고, 맛보고, 만지거나, 냄새를 맡는 것으로는 영적인 진실이나 그 조화를 드러낼 수가 없습니다. 영적인 진실이 드러나도록 하기 위해서는 다른 기능, 곧 느낌을 통해서 작용하는 직관을 사용해야 합니다.

기도를 하거나 묵상을 하기 위해 자리를 잡고 앉으면, 사람들의 머릿속에는 온갖 말과 생각이 흐르기 시작합니다. 진리를 확신하기도 하고, 잘못을 부인하기도 합니다. 이런 것들은 전적으로 인간의 마음이라는 영역에서 생기는 일입니다.

영적 자각이 싹트기 시작하면, 우리는 내면에서 우리에게 오는 생각에 보다 수용적이게 됩니다. 우리는 말하는 사람이기보다는 '말씀'을 듣는 사람이 됩니다. 신령스러운 '영'에 조율이 되어, 존재의 신성한 조화를 느끼게 되고, 신의 현존을 실제로 느끼게 되기도 합니다. 오감을 초월한 직관의 기능으로 인해 우리는 신령스러운 것에 예민해지고, 수용적이고 반응적이 되며, 이러한 영적인 거듭남의 결과로 우리의 새로운 존재를 살기 시작하게 됩니다.

진리를 알고 싶어서 문자에만 관심을 기울이던 사람이, 이제는 진리의 영에만 관심을 갖게 됩니다. 진리가 무엇인지에 더 관심을 가졌던 사람이 이제는 진실을 느끼는 것에 더 관심을 갖게 됩니다. 영적인 눈을 뜰수록 문자에 덜 집착하게 되고, 느끼는 일에 더욱 열려 있게 됩니다. 진리에 대한 지각이나 인식도 '느낌'을 통해서 이루어지고, '느낌'에 더욱 의존하게 됩니다.

진실은 말에 의해서 이루어지는 것이 아니라 느낌으로 수용되는 것이고, 침묵 속에서 진실을 느끼고 받아들인 사람은 스스로 권위를 가지고 지붕 위에서 자신이 깨달은 바를 외칠 수 있는 자신감과 용기를 갖게 됩니다.

영적 치유는 신성하게 밝아진 의식의 자연스러운 열매입니다. 우리가 영적 깨달음을 받아들이고 반응할 때만이, 우리는 신성으로 활짝 밝아질 수 있습니다.

불멸은 인간의 개성이나 지각이 영원히 없어짐으로써 획득되는 것이 결코 아닙니다. 죽는다고 해서 불멸성을 획득하게 되는 것도 아니고, 개인의 지각이 끝나는 것도 아닙니다. 인간 존재가 아무리 오래 지속된다고 해도 그것이 불멸의 달성을 의미하는 것도 아닐 것입니다.

불멸은, 이승에서든 저승에서든, 개인의 감각이 극복되는 것에 비례하여 달성됩니다. 우리가 개인의 에고를 벗어버리고 우리의 참자아에 대한 의식, 곧 우리 자신의 실재인 '신 의식'(divine Consciousness)을 깨달을 때, 우리는 불멸에 도달하게 됩니다. 그리고 그것은 지금 여기에서 성취될 수 있습니다.

몸과 부에 대한 거짓된 감각을 영속화하고 싶어 하는 우리의 바람이, 우리를 죽음으로, 다시 말해 필멸의 덫으로 우리를 잡아가 두게 됩니다.

불멸을 획득하기 위한 첫 번째 단계는, 생각이 내면으로부터 펼쳐지는 것과 마찬가지로, 우리 존재의 중심에서 삶을 펼쳐 나가는 것입니다. 그것은 우리에게 덧붙여지는 어떤 것이 아닙니다. 불멸의 상태는 얻는 데보다는 주는 데에 있고, 달성하는 무엇이 아니라 '있음'의 상태입니다. 이러한 의식 안에는 정죄, 판단, 증오, 두려움이 없고, 대신 사랑과 용서의 느낌이 지속됩니다.

영원히 죽지 않는 기쁨과 평화를 사람들에게 보여주는 것은, 단순한 문제가 아닙니다. 왜냐하면 존재에 대한 자신들의 현재 개념을 보존하려는 사람들에게 '불멸을 옷 입는다'는 것은 (개성의) 영원한 사멸로 나타나게 될 것이기 때문입니다. 그들은 무엇보다도 '개성의 사멸'을 원하지 않습니다. 하지만 결코 두려워할 일이 아니라는 것을, 그들도 언젠가는 깨닫게 될 것입니다. 불멸은 참되고, 정제되고, 고상하고, 조화롭고, 우아하고, 비이기적이고, 평화로운 모든 것의 영원한 보존입니다. 감각이 가져다주는 허상의 자리에 실재의 빛이 켜지는 것입니다. 그것은, 존재의 제한된 감각이 아닌, 개인의 무한성에 대한 의식적인 자각입니다.

이기심과 자만심은 우리들 존재의 신성함을 깨닫지 못하게 가로막습니다.

존재의 신성함을 깨달은 사람들은, 죽어 없어질 물질 의식 속에서 여전히 고투하고 있는 사람들을 인내하고 관용할 수 있습니다. 깨달은 사람은 세상 '안에' 있지만, 세상에 속해 있는 것이 아니기 때문입니다.

'영으로서의 나'를 깨닫기

영적 깨달음을 통해 우리는 인간의 개념이 작용하는 삶의 현장에서 영적 실재를 분별할 수 있게 됩니다. 영적 자각은 인간의 생각이 만들어내는 거짓된 전도망상에 속지 않게 해줍니다.

영적 의식의 발달은 우리가 시각, 청각, 미각, 후각을 통해 인지하고 있는 것이 사물들의 실재가 아니라는 것을 깨닫는 것으로부터 시작됩니다. 영적 깨달음의 첫 단계에서 우리는 겉모습과는 상관없이, 신성한 것, 영원한 불멸을 어렴풋하게나마 인지할 수 있게 됩니다. 이로 인해 겉모습이 점점 더 비현실적으로 여겨지게 되고, 그럼으로써 깨달음의 빛은 더욱더 밝아지게 됩니다.

영적 진보는 참된 실상을 바라보는 우리의 깨달음의 정도에 비례합니다. 인간의 현실은 잘못된 인식을 통하여 전적으로 잘못된 전도망상이기 때문에, 영원한 실재를 깨달은 사람은 물질의 허상을 도울 생각을 더 이상 내지 않게 되고, 치유하고, 바로잡고, 변화시킨다는 어떠한 생각도 내지 않게 됩니다.

영적 깨달음은 진리 탐구에 발을 들여놓음으로써 시작됩니다. 우리는 우리가 선이나 진리를 찾고 있다고 믿습니다. 하지만 깨달음의 빛은 우리가 서 있는 자리에서 더욱 더 나아가도록 우리의 의식에 빛을 비추어주기 시작합니다. 우리의 영적 이해력이 증가될 때마다 더 많은 빛이 나타나서 감각 세계의 어둠을 추방시킵니다. 이러한 밝음의 유입은 우리가 '세상의 빛'으로서 우리의 정체성을 온전히 깨달을 때까지 계속됩니다. 밝은 깨달음이 없다면, 우리는 세상의 힘과 더불어 씨름하고 고투하게 됩니다. 우리는 생계를 위해 애쓰고, 자리를 보존하려고 애씁니다. 부나 명예를 차지하기 위해 치열하게 경쟁합니다. 우리의 친구들과도, 심지어는 우리 자신과도, 전쟁 상태에 돌입하곤 합니다. 하지만 바라는 것들을 차지하기 위한 싸움에서 승리하더라도, 안전에 대한 보증은 결코 주어지는 법이 없습니다.

깨달음은 무엇보다 먼저 평화를 가져다주고, 다음으로는 자신감과 확신을 가져다줍니다. 그것은 세상의 치열한 경쟁으로부터 우리를 쉬게 해주고, 모든 좋은 것들이 은총을 통해 우리에게 흘러들어오게 해줍니다. 우리는 더 이상 무엇을 얻기 위해서나 성취하기 위해 살지 않습니다. 우리는 은총에 의해서 살아갑니다.

우리는 모든 것을 다 갖고 있고, 우리가 가진 모든 것이 신의 선물입니다. 우리는 선한 것들을 얻으려고 하지 않습니다. 왜냐하면 모든 선한 것들을 이미 다 가지고 있기 때문입니다. "아들아, 너는 항상 나와 함께 있고, 내가 가진 모든 것은 네 것이다"(눅 15:31).

세상의 즐거움과 성공은 영적인 자각을 통해 우리에게 펼쳐지는 기쁨과 보물들과는 감히 비교조차 할 수 없습니다. 실상의 빛 안에서 보면, 세상의 가장 큰 행복과 승리조차 아무것도 아닙니다. '영혼'의 보물은, 감각의 세계에서는 도저히 알 수도 없고 알려지지도 않은 영광 자체입니다.

인간은 내면에 신성의 빛을 지니고 있기에, 세상으로부터 자유로울 수 있고, 세상적이고 인간적인 위험으로부터 안전을 노래 부를 수 있습니다. 깨달음의 빛이 동틀 무렵에는, 공포와 두려움이 여전히 가시지 않을 수 있습니다. 영적으로 밝아지게 되면 어떠한 좋은 것도 오거나 가지 않습니다. 영의 활동은 언제나 스스로 충만한 본성을 지니고 있기 때문에, 또한 그들의 활짝 밝은 깨달음이 만물의 실재를 있는 그대로 드러내어 주기 때문에, '영혼'에, '신-의식'(God-consciousness)에, 영적인 평화와 안전과 고요함에 뿌리를 내릴 수 있습니다.

겉으로 나타나는 그림이 변하지 않으면 우리는 걱정을 하게 되는데, 겉모양은 안에 있는 것을 반영하기 때문입니다. 그러나 안심하십시오. 개성을 지닌 자아로서 살아가는 우리로서는 무한한 영적 의식이 구현하고 있는 모든 선을 다 지각할 수가 없습니다.

영적 깨달음은 존재의 조화를 드러내고, 물질적 감각의 증거를 요구하지 않습니다. 영적으로 깨달았다고 해서 우주의 그 무엇도 달라지는 것은 없습니다. 왜냐하면 이곳은 신의 자녀들로 가득 찬 영적 우주이기 때문입니다. 깨달음은 우주를 바꾸어주는 것이 아니라, 우주에 대한 우리의 관념을 바꾸어 줍니다.

이것은 깨달음이라는 광대한 주제의 시작일 뿐입니다. 깨달음의 길 위에서는, 가능한 한 오감의 세계로부터 비롯되는 생각들에서 떠나, 영적 실재에 대한 의식적인 깨달음에 닻을 내린 상태를 유지하려고 마음을 써야 합니다.

악은 실재하지 않으며 신은 지금 여기에 현존한다는 신성한 메시지를 전하는 사람들이 언제나 있어 왔습니다. 인도의 붓다, 중국의 노자, 나사렛 예수 등이 바로 그런 인물들입니다. 그

외에도 많은 이들이 사람들에게 진리의 빛을 전달했지만, 사람들은 언제나 이들 '빛'을 메신저로서만, 한 개인으로서만 받아들이고, 여기가 아닌 '저기에 있는' 빛을 가리켜 보인다고 잘못 생각했습니다. 그들 자신의 의식 안에 있는 실상의 빛을 가리켜 보인다고는 생각하지 못했던 것입니다.

예수를 숭배함으로써 사람들은 그리스도를 잃어버렸습니다. 사람들은 예수께 헌신하면서 그리스도를 이해하지 못했습니다. 예수를 통해 선을 구함으로써, 사람들은 정작 자신의 의식 안에 계시는 전능하신 그리스도는 보지 못했습니다.

어떤 경우이든, 사람에게 나타나는 메신저는 개인의 의식 안에 있는 그리스도의 출현인 것이며, 그렇게 이해될 때, 개인의 오감(五感)과 개인의 한계로부터 자유를 쟁취할 수 있게 됩니다.

예수께서는 "내가 떠나지 않으면 보혜사가 여러분에게 오지 않을 것"이라고 말씀하셨습니다. 삼척동자라도 이해할 수 있을 만큼 명확한 말씀이 아닌가요? 그를 구원자로서, 중재자로서, 인도자로서만 바라보고는, 그런 개인적인 인식을 떠날 수 없다면, 당신은 자신의 의식 안에서 '큰 빛'을 찾을 수 없을 것입니다.

영적인 깨달음은 한 개인으로부터 오는 것이 아니라, 초개아적인 그리스도, 우주적 '실상', 당신의 활짝 밝아진 의식으로부터 비롯됩니다.

깨어난 의식은 병과 늙음, 실패 등 문제 많은 자아 관념을 초월하게 해줍니다. 어디에도 매이지 않고, 한계 없고, 조화롭고 자유로운 '스스로 있는' 참자아를 드러내어 줍니다. 이러한 참자아는 우리가 날마다 우리 자신 안으로 물러나, '듣고' 지켜보는 법을 배우는 가운데 더욱더 분명해집니다. 그날의 일이나 미래에 일어날 일들에 대해 걱정하는 대신, 우리는 우리의 신성한 '영혼'으로 하여금 우리보다 앞서서 길을 예비하게 할 수 있습니다. 오감의 환상 속에서 살아가는 걸음걸음마다, 신성이 우리의 안전한 지킴이가 되어주고 배경이 되어주도록 기꺼이 허용하도록 하십시오.

깨어난 의식은 모든 행동에 활력을 불어넣고 모든 생각을 축복하는 무한의 전능한 존재가 지금 여기에 계심을 항상 알고 있습니다. 깨달은 사람은, 인생이라는 이 고속도로 위에서 그를 만나는 모든 사람에게 보이지 않는 은혜를 티 내지 않고 '흔적 없이' 베풀어 줍니다.

의식이 '진실'과 '사랑'으로 불타오를 때, 두려움, 의심, 증오, 시기, 질병 및 불화의 모든 감각은 저절로 사라지고 맙니다. 순수 의식 안에서 살아가는 사람은, 그를 만나는 모든 사람의 짐을 가볍게 해줍니다. '세상의 빛'이 어찌 주변 사람들의 어둠을 물리치지 않을 도리가 있겠습니까.

당신이 경험하는 모든 선은, 그것이 다른 개인들에게서 오는 것처럼 보일 때에도, 당신 자신의 의식으로부터 빛을 발하는 것임을 깨달으십시오. 악으로 보이는 모든 것은 조화에 대한 잘못된 인식이고, 그러니 두려워하거나 미워하지 말아야 합니다. 그럼으로써 허상이 사라지고, 실재가 모습을 드러낼 것입니다. 깨어난 의식만이 사악한 겉모습을 보고도 거기에서 신성의 실재를 알아차릴 수 있습니다. 깨달은 의식 안에 살아 계시는 그리스도만이, 겉으로 보이는 진짜 같은 가짜들에서 '가시'를 제거할 수가 있습니다.

영적인 깨달음은 우리가 필멸의 존재가 아니며, 심지어는 인간 존재라고도 할 수 없다는 것을 알아차리게 해줍니다. 우리는 순수한 영적 존재, 신성한 의식이며, 자기충족적인 생명이고, 만물을 두루 포용하는 마음입니다. 이 빛으로 인해 개인적인 오감으로 인한 환상은 저절로 스러집니다.

깨달음은 모든 물질적 속박을 해소하고, 영적인 이해의 황금 사슬로 사람들을 하나로 묶어 줍니다. 깨달은 이들은 그리스도의 인도만을 따르고 인정합니다. 예배도 필요하지 않고, 법칙도 필요하지 않습니다. 신성한, 초개아적인, 우주적 사랑만이 있습니다. 그리스도께서는 '영'의 성소를 언제나 밝히고 있는 내면의 '불꽃'이 아닌 다른 예배는 받지 않으십니다. 이러한 하나됨 안에서는 영적인 형제애가 저절로 흐르게 됩니다. 영적인 형제들이 유념하고 애써 실천해야 할 것이 있다면, '영혼'의 훈련뿐입니다. 따라서, 우리는 면허장 없는 자유를 알고 있습니다. 우리는 물리적 제한이 없는 하나된 우주이며, 어떠한 의식(儀式)이나 신조 없이도 신께 신성한 예배를 드립니다.

깨달은 자들은 은혜에 의해, 어떠한 두려움도 없이 인생길을 걸어갑니다.

우리가 이미 신의 성취임을, 신이 우리를 통하여 자신을 비추고 있다는 것을 알기 위해서는, 영적으로 생각하는 것이 습관화되어야 합니다. 영적 깨어남이란 모든 개인이 신의 임재라는 사실, 즉 모든 것이 있는 그대로 신의 나타남이라는 사실을

깨닫는 것입니다. 우리가 오감을 통해 보고 듣고 맛보고 만지고
냄새 맡는 것은 현실에 대한 제한된 개념일 뿐이며, 이는 결코
영적인 실재가 아닙니다. 이것이 영적인 지각입니다.

'그리스도-의식'은 개인의 오감이라는 안개 속에서도 어느
곳에서나 빛나는 신을 봅니다. 그리스도-의식 안에는 변해야
할 죄인도 없고, 치유되어야 할 병자도 없으며, 부요해져야 할
가난뱅이도 없습니다. 영적인 깨달음은 유한한 오감의 이미지와
개념들의 거짓됨을 추방하고, 모든 존재를 신의 나타남으로 보게
해줍니다.

개인의 의식 안에 있는 빛은 신의 창조 세계, 실재의 우주,
신의 자녀들을 드러내어 줍니다. 이 빛 속에서, 죽어질 인생의
장면들, '이 세상'이라는 개념의 세계는 '나의 왕국', 곧 만물이
있는 그대로 보여지는 실재의 세계에 자리를 내어줍니다.

마찬가지로, 내적 동료라는 감각이 언제나 품어지게 됩니다.
우리는 내면의 따뜻함과 생생한 존재감, 신성한 확신을 느낍니다.
때로 우리는 강한 손길을 느끼거나 우리의 어깨 위에서 미소
짓고 있는 누군가를 느낍니다. 우리는 결코 혼자가 아니며, 혼자가
아니라는 것을 느낌으로 알고 있습니다. 이 감미로운 존재는

우리에게 내면의 휴식을 가져다줍니다. 그것은 우리로 하여금 세상의 긴장에서 벗어나 평화의 기쁨 속에 잠기게 해줍니다. 사실, 그것은 인간이 살아가는 동안 생기는 모든 문제나 긴장에도 '고요하게 존재하도록 해주는 평화' 자체입니다. 우리의 내면은 그로 인해 치유의 결과를 향유하게 되고, 주변 사람들도 알게 모르게 영향을 받게 됩니다.

우리가 인식하는 이 내면의 '존재'는 '실상'(Truth) 자체입니다. '그것'은 우리에게 현존하는 신으로서, 파워로서, 동료로서, 빛으로서, 평화로서, 치유하는 힘으로서 자기 자신을 나타냅니다. 이러한 내적 현존 의식을 갖게 되는 것은 우리의 영적 깨달음의 결과이고, 영적 의식을 배양한 결과입니다. 이 실상이 바로 우리의 병을 치유해 주는 신이고, '그것'은 우리보다 앞서서 우리가 걸어가는 인생길을 평탄하게 해줍니다. 이 실상이 우리의 풍요로운 공급자로서 나타나는 부요함입니다. 큰 사랑이 현존하는 이 의식 안에서 살아갈 때, 어떠한 환경이나 조건도 우리의 수입이나 부를 덜어낼 수가 없게 됩니다.

이 실상이 당신의 내면에 터를 닦게 하십시오. 그것이 당신의 참존재가 되게 하십시오. 태어남도 없고, 죽음도 없습니다. 젊음도 없고, 늙음도 없습니다. 건강도 없고, 질병도 없습니다. 오직 조화로운 존재의 영원성만이 있습니다. 이 실상 속에서 살아갈 때는 오감이 가져다주는 온갖 허상들이 스러져버리고, 당신이라는 존재의 무한한 조화가 꽃을 피웁니다. 죽어질 운명 같은 것은 없습니다. 당신은 불멸의 존재입니다. 영원한 생명수를, 실상의 영적 양식을 섭취하려면, 이러한 신성의 현존, 실상 자체에서 벗어난 생각은 무엇이든지 스스로 내려놓을 수 있어야 합니다.

자아가 저지르는 잘못—자기 의지, 거짓된 욕망, 야망, 탐욕 등—으로부터 우리의 마음을 자유롭게 하기 위해서는, 완벽한 다이아몬드가 스스로 빛을 내뿜듯이, '실상'이 스스로 빛을 발하도록 허용해야 합니다.

BC 500년경, 이런 이야기가 쓰여졌습니다. "어떤 사람이 목욕을 하려고 강물 속으로 들어가던 중, 밧줄을 발로 밟게 되었다. 그는 밧줄을 뱀이라고 생각하고는, 공포에 사로잡혔다. 그는 독사에 물려 죽을지도 모른다고 상상하고는, 어쩔 줄을 몰랐다. 뱀이 아니라 밧줄인 줄을 알게 된다면, 이 사람은 얼마나 안도할 수 있겠는가! 그가 두려움에 떨었던 것은 그의 실수였고, 그의 무지함과 환상 때문이었다. 그것이 밧줄이라는 것을 아는 순간, 그는 즉각 평온함을 되찾을 수 있게 된다. 기쁘고 행복한 상태로 금세 돌아올 수 있게 된다. 이것이 바로 자아라는 것이 없다는 것을 알아차린, 모든 고통과 번민과 걱정과 허무함이 신기루 같고 그림자 같고 꿈 같은 것임을 알아차린 사람의 마음 상태이다."

다시 한 번 말씀드리지만, 깨달음으로 인해 우리는 뱀으로 나타난 것—죄, 질병, 불화, 죽음 등—이 유한한 감각에 의해 잘못 인식된 현실이라는 것을 밝히 알게 됩니다. 그러므로 부조화는 두려워하거나 후회하거나 분개해야 할 대상이 아닙니다. 영적 인식을 통해 밧줄, 곧 현실의 본질을 분별해야 하고, 그로 인해 삶을 재해석해야 합니다. 뱀, 즉 질병이나 부조화는 마음의 상태에 지나지 않으며, 그에 상응하는 외부적 실재가 없다는 것을 알아차려야 합니다. 어떤 환상도 바깥으로 실체화되지 않으며, 될 수도 없다는 것을 알아야 합니다.

영적인 깨달음은 완전한 현존 의식 안에서 살아감으로써 눈에 보이는 그림을 실상 세계에서의 의미로 계속적으로 번역해 가는 가운데, 획득될 수 있습니다. 우리는 밤낮을 가리지 않고 불협화음 속에서 살아가고 있지만, 이 모든 것은 영의 언어인 '새로운 언어'로 즉각 번역되어야 합니다.

일상 속에서 일어나는 우리의 모든 경험은 우리의 영적 이해력을 활용할 수 있는 새로운 기회를 제공해 주고, 이러한 영적인 기능의 활용은 더 큰 영적 인식으로 이어지며, 그리하여 점점 더 '실상', 곧 진리의 빛이 밝아지게 됩니다. "쉬지 말고 기도하십시오… 그러면 그대들은 진리를 알게 될 것이고, 진리가 그대들을 자유롭게 해줄 것입니다." 일상 속에서 일어나는 그림들과 사건들을 새로운 언어로, 영의 언어로 번역하기를 멈추지 마십시오, 그렇게 나아가다 보면, 별다른 의도를 내지 않고도 번역이 저절로 이루어질 정도로 의식이 확장될 것입니다. 거의 습관적으로 번역이 이루어져서, 늘 '실상' 안에서 살게 될 것입니다.

이러한 지혜 속에서만, 우리는 의식적인 생각을 내지 않고도 존재의 중심에서부터 삶을 조화롭게 펼쳐 나아가게 됩니다. 뭔가 특별한 깨달음의 순간이 이따금씩 나타나는 정도가 아니라, 온갖 선이 자연스럽고 조화롭고 기쁘게 펼쳐지는 상태가 될 수 있습니다. 선한 일을 하려는 반복적인 애씀 대신에, 우리의 모든 선이, 육체적이든 정신적이든, 의식적인 노력 없이, 우리 자신의 깊은 곳에서부터 흘러나와 펼쳐지게 됩니다. 우리는 더 이상 사람이나 환경이나 상황에 의존하지 않게 되고, 개인적인 노력에조차 의존하지 않게 됩니다. 영적인 깨달음은 우리의 개인적인 애씀조차 멈추고 쉬게 하며, 점점 더 신성에 의지하게 하여, 그것 자체가 우리 자신으로서 스스로를 펼쳐 보이도록 허용하게 합니다.

내면의 신

고대의 경전에는 이런 말이 나옵니다. "다른 사람들에게 음식을 나누어 줄수록 더 많은 힘을 갖게 되고, 옷을 나누어 줄수록 더 많이 아름다워진다. 순결과 진리 안에서 살게 되면, 우리는 가장 막대한 보물을 얻는 것이다. 이것을 이해하기란 참으로 어려운 일이다."

히브리인들의 조상인 아브라함은 십일조라는 발상을 기반으로 자기 백성들의 번영을 이끌었습니다. 십일조란, 되갚아주기를 바라거나 보상을 기대하지 않고 자신에게 들어온 수입의 10분의 1을 영적인 목적이나 자선을 목적으로 기부하는 것입니다.

"불멸은 연속적인 친절의 행위로써만 도달될 수 있으며, 인격의 완성은 연민과 자비를 동반한다"(불경 중에서).

이타적 사랑의 크기가 커질수록, 우리는 우주적 '나'를 우리의 참된 존재로서 깨닫는 데에 더 가까워집니다.

개성을 가진 '나'는 얻고, 성취하고, 욕망하고, 축적하기에 너무나 바쁩니다. 반면, 우리의 참자아는 아무런 애씀 없이 주고, 나누고, 기부하고, 축복하는 일에 열중합니다. 이 참자아가 개인화 되어 인간 경험으로서 펼쳐지게 되면, 대부분은 제한되고 바람직 하지 못한 경험을 하게 됩니다. 그럼에도 불구하고 참자아는 무한한 영적 이데아들의 펼쳐짐이고, 아무런 한계나 제한 없이 스스로를 영원히 표현하는 활동입니다.

'작은 나'는 주로 개인적인 문제와 일에 관심을 갖고, 가까운 가족이나 친구들에게로 범위를 넓혀 나갑니다. 개인으로서 자선 사업이나 공동체의 복지로 경계를 넓혀 나가는 경우도 적지 않지 만, 그 동기는 대개 자기 자신의 심리적인 만족에 머무는 경우가 많습니다. 참자아로 산다는 것의 진정한 의미는 존재의 중심으로 부터 뻗어 나가 이타적인 마음으로, 인정받으려는 바람을 품지 않고, 보상이나 자기 위상의 확립을 바라지도 않으며, 만나는 모든 이들을 축복하고, 그것으로 인해 사람들에게 알려지게 되는 상태입니다. 세상 사람들은 이런 사람들을 실속 없이 물러터진 사람이라고 평가할 수도 있고, 이리저리 이용만 당하는 바닥걸레 라고 폄하할 수도 있겠지만, 세상에 물든 사람들로서는 이들이 어떤 사람들인지 정체를 결코 알 길이 없습니다.

　개성에 갇힌 자아와 불멸의 큰 자아가 어떻게 다른지를 보여주는 아름다운 예화가 있습니다.

　진리를 찾아 집을 떠난 싯다르타는 마침내 깨달음을 얻어 붓다가 됩니다. 붓다란 '깨달은 이'라는 뜻으로, 오늘날의 용어를 사용하자면, 그의 시대의 그리스도라고 할 수 있습니다. 위대한 왕인 그의 아버지는 죽을 때가 가까워지자, 자기 아들을 보고 싶은 마음에 사람을 보내어 그에게 집으로 돌아오라고 간곡하게 청합니다. 마침내 아들을 만나게 되자, 그의 아들에게는 아버지와 아들의 개념이 사라지고 없다는 것을 알아차리게 됩니다. 하지만 그는 포기하지 못하고 아들에게 호소합니다. "아들아, 너에게 내 왕국을 물려주고 싶구나. 하지만 내 마음이 아무리 간절해도 네가 원하지 않으면 어쩔 수 없는 일이지."

　그러자 붓다가 말합니다. "폐하의 마음이 저에 대한 사랑으로 가득 차 있다는 것은 잘 알겠습니다. 하지만 아들에게 묶인 그 사랑을 폐하의 동료 백성들에게 나누어 주십시오. 싯다르타에 대한 사랑보다 더 큰 사랑을 하셔야지요. 그러면 폐하는 '깨달은 자', '진리를 가르치는 자', '의의 설법자', 그리고 '신의 평화를 누리는 자'가 되실 것입니다."

위대한 스승에 관한 또 다른 이야기가 있습니다. "그때, 그의 어머니와 형제들이 그를 찾아왔다. 그들은 바깥에 서서 사람을 보내어 그를 불러 달라고 했다. 사람들이 그를 에워싸고 있다가, 그에게 말했다. '선생님, 선생님의 어머니와 형제들이 밖에서 지금 선생님을 찾고 계십니다.' 그러자 그가 되물었다. '누가 나의 어머니이며, 나의 형제들입니까?' 그러고는 자기 제자들을 향해 말했다. '보십시오. 여기 계시는 여러분이 바로 내 어머니요 내 형제들입니다. 누구든지 하늘 아버지의 뜻을 따르는 사람이 곧 내 형제요, 내 자매이며, 내 어머니입니다'"(막 3:31~35 참조).

우리가 영적으로 깨닫는 것에 비례하여, 물질세계의 어둠, 곧 병, 죄, 한계, 두려움, 불안, 무지와 같은 것들에 시달리면서 자유를 찾는 사람들이 우리를 찾게 될 것입니다. 우리가 개성의 탈을 벗고 '영혼'의 자질을 갖고 살아가면서, 그것을 개인적으로나 보편적으로 널리 표현할 수 있을 때만이, 우리는 우리를 찾아오는 사람들의 요구를 충족시킬 수 있게 됩니다.

명상을 통해서나 하나됨의 친교를 통해서, 우리는 우리 안에 펼쳐지는 '실상'을 수용할 수 있게 되고, 우리는 이것을 기도라고 부릅니다. 우리의 기도는 소위 환자들과 연결되어서는 안 됩니다. 기도는 사실 하나의 과정이 아닙니다. 말이나 생각의 조합으로 기도가 이루어져서도 안 되고, 선언이나 확언, 부인하는 진술 같은 것으로 엮어져서도 안 됩니다. 기도는 조화와 온전함, 신, 기쁨, 평화, 주권의 실현을 경험하는 일종의 의식 상태입니다. 기도, 곧 하나됨의 친교는 개인에게 특정한 진리를 깨닫게 해주기도 하고, 이는 자신의 참된 존재성에 대한 깨달음으로 열매 맺기도 합니다.

모든 개인의 재능, 능력, 교육 및 경험은 사실 '의식'이 자기 자신을 개성에 담아 표현하는 것으로, 성공적인 예술가, 음악가, 세일즈맨, 사업가, 배우를 낳는 경우가 헤아릴 수 없이 많습니다. 자신을 표현하는 '의식'은 기회를 노리지도 않고, 인정을 받고 싶어 애타 하지도 않으며, 환대를 바라지도 않습니다. 그러니 인정받지 못하는 재능도 없고, 표현되지 아니한 재능이나 능력도 있을 수 없으며, 기록되지 않은 애씀도 있을 수 없습니다. 왜냐하면 모든 애씀과 활동은 '의식'이 자기 자신의 능력을 표현하는 것이기 때문입니다. 이러한 진실, 곧 참된 실상에 깨어 있는 상태는, 실업 상태의 환상이나 보상이나 감사의 결핍 같은 것과는 거리가 멉니다. 그러니 명심하십시오. 느낌이 없이 이런 말들만을 암송하는 것은 '비가 되어 내리지 않는 구름'처럼 공염불이 되어 버립니다.

마찬가지로, 오직 한 '생명'이 있을 뿐이므로, 이 '하나'는 질병이나 사고나 죽음의 위험 상태에 빠질 수가 없다는 것이 계시되어 왔습니다. 이 '생명'은 곧 개인의 삶이기도 합니다. 세상의 모든 잘못된 것들에 대한 치유책이 바로 여기에 있다고 강조할 필요도 없습니다. 하지만, 언제나 깨어 있어서 오직 하나의 '생명', 오직 하나의 '법', 오직 하나의 '영혼' 이외의 다른 존재나 힘, 활동이 있다는 생각이 끼어들지 않게 조심해야 합니다. 이러한 조화와 선의 의식 안에서 살아가게 되면, 병든 사람이나 죄 많은 사람이 나타나더라도, 그것은 오감이 만들어낸 허상일 뿐임을 자각할 수 있게 됩니다. 이 진리를 선포하거나 지속적으로 확언을 되풀이하는 것은 우리에게 거의 도움이 되지 않습니다. 하지만 그것을 실제로 느끼고 의식하는 일은 치유와 개혁, 갱신, 심지어는 부활로 나타날 수 있습니다.

최근, 나는 생일을 맞은 친구에게 편지를 써 보냈습니다. 여러분과도 함께 나눌 수 있게 된 것을 그 친구도 무척 기뻐할 것입니다.

"친구야, 생일을 맞아 자네에게 바라는 것이 있네. 의식이라는 것은 휴식이나 멈춤이 없이 계속적으로 자기 자신을 펼쳐 나간다네.

진실로, 의식이 자신을 펼쳐 나가는 데에는 멈춤이라는 것이 없다네. 자네가 가진 음악적이고 예술가적인 재능을 잃을 수가 없는 것처럼, 의식 또한 자기 자신의 몸체를 잃는 법이 없어.

의식은 끝없는 근원으로부터, 안에서 밖으로, 자네라는 존재의 무한성으로부터 그 무한한 다양성과 형태, 표현에 이르기까지를, 계속적으로 펼쳐 나간다네.

죽음이란 의식이 자기 몸에 대한 인식을 잃어버린다는 믿음이야. 불멸이란, 의식은 자기 자신의 정체성, 자기의 몸, 형태, 표현을 영원히 자각한다는 실상을 이해하는 것이야. '의식'은 지금 여기에서 획득되는 불멸성으로서, '의식'은 자기 자신의 무한한 존재와 영원한 몸체를 인식한다네. 의식이 개인적인 창조의 형태로 자기 자신을 영원히 펼쳐내고 있다는 자각은 지금 여기에서 시현(示顯)되고 있는 불멸성인 것이지. 이러한 '의식'이 바로 자네 자신이라네."

영적 의식은 조화가 지금 여기에 존재한다는 자각으로 인해 개인적인 애씀에서 풀려나게 됩니다. 개인적인 애씀이 없어짐과 더불어, 우리는 우리 안에 현존하는 실재로서의 '영'을 발견함으로써 '영으로서의 우리 자신'을 성취합니다. '영'은 개인의 의식 안에서 활동하는 '실상'입니다. '실상'이 우리에게, 우리의 내면에서 '자기 자신'을 선포함에 따라, 우리는 진리를 선포할 필요조차 없게 됩니다. 우리가 내면의 고요함 안에 머물게 됨에 따라, 우리는 우리에게, 우리의 내면에서 '자기 자신'을 선포하는 '실상'에 점점 더 열려 있게 됩니다. 우리의 의식 안에서 일어나는 이러한 '실상'의 활동이 바로 그리스도이고, 신의 임재 그것입니다. 우리의 의식 안에서 기꺼이 받아들여지고 환영받는 '실상'은 우리의 인생사 전체에 걸쳐 나타나는 조화의 법칙입니다. 그것은 우리의 일상적인 모든 행위를 이끌어가고, 다스리고, 지원합니다. 언제나 없는 곳 없이 존재하는 이 '실상'은 병이나 결핍이 있는 곳에서 우리의 치유자가 되어주고 공급자가 되어줍니다. 그것이 곧 우리의 건강이요, 우리의 공급원입니다.

많은 이들에게, 그리스도라는 단어는 대체로 신비한 용어, 미지의 실체, 알려지지 않는 존재, 거의 경험하지 못한 무엇으로 남아 있습니다. 그리스도 예수뿐만 아니라 다른 많은 사람들에 의해 우리에게 계시된 우리들 내면의 신성한 존재, 신성한 힘으로부터 유익을 얻고자 한다면, 우리는 그리스도에 대한 우리의 관념을 바꾸지 않으면 안 됩니다. 우리는 그리스도를 항구적이고 지속적으로 베풀어지는 시혜로서 경험해야 합니다. 우리는 항상 열린 마음으로 들리지 않는 소리에 귀 기울이며, 내면에서 활동하는 '실상'에 깨어 있어야 하고, 그렇게 살아갈 때, 머지않아 내적 자각을 경험하게 될 것입니다. 이것이 의식 안에서의 '실상'의 활동이며, 그리스도의 성취입니다.

그리스도에 대한 이러한 이해는 우리가 어떤 기도를 할 것인지를 명백하게 밝혀줍니다. 기도의 사전적 정의는, 어딘가에서 하나님이 우리가 일정한 격식을 갖춰 기도하기를 기다리고 계실 것이라는 잘못된 믿음을 바탕으로 삼고 있습니다. 그런 사고방식이라면, 우리가 바른 마음가짐을 갖고 하나님을 찾으면 그 기도는 응답을 받게 되고, 그렇지 않은 기도는 하늘나라의 쓰레기통에 처박혀야 마땅합니다. 3~4세대 전의 조상이 죄를 지었다고 해도,

그들의 죄를 후손이 책임져야 한다고 믿는 사람들도 있습니다.

참다운 기도는 어떤 기도일까요? 우리에게 오는 좋은 것들은, 어떤 것이든, 존재의 본질에 대한 우리 자신의 이해에 따른 직접적인 결과물입니다. 영적 삶에 대한 우리의 이해는, 우리가 '실상'을 얼마나 수용하느냐에 따라 펼쳐집니다. 신께 어떻게 얼마나 기도를 드리느냐에 달려 있는 것이 아니라, 신께서 자기 자신을 우리에게 펼쳐 보이시도록 우리가 허용하는 정도에 달려 있습니다. 이것이 더 높은 차원의 기도입니다. 그것은 우리가 짧은 시간 동안이라도 낮이나 밤이나 명상을 하고, 하나가 되어 함께 나누고, 경청하는 가운데 성취됩니다. 고요함 가운데, 신의 현존을 알아차리고 느낄 수 있도록 열린 마음을 가져야 합니다. 이러한 느낌이나 인식이 곧 우리의 의식 안에서 이루어지는 신의 활동이고, '실상'의 나타남이며, 그것이 곧 그리스도요, 우리 자신의 '실상'입니다.

우리는 보통 감각의 세계 속에서, 감각의 대상에만 관심을 갖고 살아갑니다. 그럼으로써 선과 악, 고통과 쾌락을 경험합니다. 우리가 자기 탐구와 명상을 통해서 정신적인 면에 더욱 관심을 갖게 될 때, 우리는 더 고상한 생각을 하게 되고, 따라서 더 나은 환경 속에서 살아가게 됩니다. 우리의 정신적 자질이 더욱

다듬어질수록, 우리는 더욱더 인내심을 갖게 되고, 더 친절하고 자비로워지며, 더 쉽게 용서할 수 있게 됩니다. 우리의 인간적인 경험들은 이러한 자질들을 얼마나 발휘했느냐를 고스란히 되비추어 보여줍니다. 하지만 거기에서 멈추지 말아야 합니다.

몸과 마음의 차원보다 높은 곳에 '영혼'의 영역이 있고, 하나님의 나라가 있습니다. 바로 여기에서 우리는 우리들 존재의 본질, 우리의 신적인 본성을 발견합니다. 몸과 마음은 '영혼'으로부터 분리되어 있는 것이 아닙니다. '영혼'은 우리들 존재가 겉거죽의 활동을 멈출 때라야 비로소 나타나기 시작합니다.

'영혼'의 영역에서, 우리는 온전한 평온, 절대의 평화, 조화, 그리고 진정한 주권을 찾을 수 있습니다. 여기에는 선도 악도, 고통도 쾌락도, 존재하지 않습니다. 오직 존재의 기쁨만이 있을 뿐입니다. 우리는 세상 속에 있지만, 세상에 속하지 않습니다. 왜냐하면 영적인 감각이 깨어난 사람은 더 이상 오감의 세계에 살지 않기 때문입니다. 사람을 보아도 '있는 그대로', '실상'의 나타남으로 보기 때문입니다.

지금까지 우리는 우주를 대상으로 바라보고 그 안에서, 사람과 장소와 사물 안에서, 행복과 주권을 찾고 추구해 왔습니다.

하지만 이제는, 영적인 감각, '영혼-감각'(Soul-sense)을 통해, 전 세계가 우리에게 선물들을 가져다줍니다. 사람들과 사물들을 향한 욕망을 통해서가 아니라, 이런 것들을 매체로 삼아서. 물질적인 감각으로 보면, 사람과 사물은 우리의 대상이고, 우리가 바라는 바입니다. '영혼-감각'으로 보면, 우리의 선은 우리 안에서 부터 바깥으로 자신을 펼쳐 나갑니다. 사람으로나 개선된 환경으로 나타나 보인다고 할지라도. '영혼-감각'으로 살아간다고 해도 그것이 우리에게서 친구와 가족을, 인간 경험이 가져다주는 위안을 앗아가지 않습니다. 오히려, 더 아름답고 더 영원한 고차원의 의식을 바탕으로, 우리에게로 그런 것들을 더욱더 확실하게 데려다줍니다.

여러 세기 동안, 구세주로서의 예수 그리스도에 대한 관심이 집중되어 왔으며, 그동안 삶의 영적인 의미는 빛과 어둠의 이쪽 극단에서 저쪽 극단으로 치달아 왔습니다. 16세기의 한 교사는 다음과 같이 썼습니다. "그리스도(예수)는 자신을 '세상의 빛'이 라고 부르시지만, 그분은 자신의 제자들에게도 그들 역시 '세상의 빛'이라고 말씀하십니다. 성령 안에서 사는 모든 그리스도인들은, 다시 말해 참다운 그리스도인이라면, 그리스도 예수를 닮아 신 안에서 그리스도와 하나가 됩니다. 그러므로 그리스도인들은 비슷한 경험을 하고, 그리스도 예수가 행한 것을 그들 역시 행하게 될 것입니다."

우리가 할 일은, 우리 자신의 의식 안에 있는 그리스도를 실현하는 것입니다. 우리는 예수뿐만 아니라 많은 영적 선견자와 선지자들이 많은 부분 영으로서의 자기 자신을 살았다는 것을 깊은 사랑과 기쁨으로 인정하고 있습니다. 오늘날에도 많은 사람들이 그리스도를 실현하고 있는 것에 대해 감사하게 됩니다. 우리는 이제 우리 자신의 의식 안에 있는 그리스도를 실현하기를 고대합니다. "하나님의 나라는 그대들 안에 있습니다. 밖에서 그것을 찾는 사람은 결코 찾지 못할 것입니다. 하나님과 따로 떨어져서는 어느 누구도 하나님을 구하거나 찾을 수 없습니다. 하나님을 찾는 그가 이미 그분을 가지고 있기 때문입니다."

우리는 '의식'이라는 단어를 이해해야 합니다. 왜냐하면 우리는 우리가 의식하고 있는 것만을 입증할 수 있기 때문입니다. 그대는 지금 의식의 어느 자리에 서 있습니까? 그대는 여전히 필멸의 존재입니까? 아니면, 물질적인 이기심을 버리고 자신을 영으로서, 신의 현존이자 성취로서 인정할 수 있습니까? 어느 날엔가 우리는 무엇인가를 얻으려고 하는 그 모든 애씀을 내려놓고, '주는 자'(the Giver)로서의 우리 자신을 알아차려야 합니다. 우리는 돌아올 보상을 기대하지 않고 5천 명의 사람들을 먹일 수 있어야 합니다. 우리 자신의 영성으로부터, 많은 이들이 필요한 것들을 공급받을 수 있을 것입니다. '한낱 인간일 뿐'이라는 믿음 안에서가 아니고는, 어떠한 결핍감도 자리할 수가 없습니다. 우리는 이러한 믿음을 내려놓고, 우리의 진정한 정체성을 주장할 수 있어야 합니다.

필멸의 존재로 보이는 어떤 사람이나 상황에 직면할 때, 우리는 세상적인 것으로 나타나는 모든 것이 환상이며, 무(無)임을 깨달아야 합니다. 우리는 필멸의 존재나 물질적인 상황에 대해서는 그 어떠한 두려움도 갖지 않게 될 것입니다. 그것들은 허상에 지나지 않다는 것을 알기 때문입니다.

진실은 단순합니다. 심오한 형이상학이나 신비한 진실은 없습니다. '진실'이거나 '진실 아님'이 있을 뿐입니다. 심오한 진실이면서 동시에 얕은 진실일 수는 없습니다. 진실의 정도라는 것도 있을 수 없습니다. 진실은 언제 어디에서나 절대적인 진실이어야 합니다. 우리는 이제 무한한 힘을 개인화하는 진실에 관심을 갖고 있습니다. 우리는 우리 자신을 떠난, 우리와 동떨어진 바깥의 힘을 기대하지 말아야 합니다. '진실'에 대한 우리의 의식에 비례하여, 우리는 무한한 힘을 개인화합니다.

하나님이신 '생명'이 우리의 '생명'입니다. 하나의 '생명'만이 있으며, 이것은 모든 존재의 '생명'이고, 모든 개인의 '생명'입니다. 우리는 이러한 영원한 '생명'을 개인화합니다. 한 사람 안의 신이 다른 사람 안의 신보다 더하거나 덜하지 않습니다. 병도 없고, 죽음도 없습니다. 이러한 참된 의식은 우리의 내면에서 치유의 효과를 발휘합니다.

오직 하나의 '의식', 하나의 '신'이 있을 뿐입니다. 우리는 전지전능한 이 '의식'의 개인화입니다. 따라서, 우리의 의식은 모든 상황 속에서 항상 존재하는 우리의 도우미입니다. 이런 이유로, 우리는 멀리 떨어져 있는 어떤 '존재'를 향해 기도를 드리지 않습니다. 접속을 시도하지도 않습니다. 대신 어디에나 존재하는 신성한 '의식'이 곧 우리의 의식임을 깨닫고, 문제처럼 보이는 것들이 있어도 개의치 않습니다. 이러한 진실에 대한 앎은 '생명', '진실', '신'의 현존 의식 안에 우리를 터잡게 해줍니다. '의식'의 하나됨에 대한 우리의 이해, 우리의 삶으로서 펼쳐져

나가는 '생명'에 대한 이해는, 영원한 '진실'의 펼쳐져 나감입니다.

펼쳐짐의 다음 단계는, 우리는 우리 자신의 의식 안에서 의식을 개인화하여 우리의 몸, 우리의 비즈니스, 우리의 가정을 구현한다는 깨달음입니다. 이런 것들이 우리가 속해 있는 의식의 아이디어들임을 알 때만이, 우리는 날씨, 기후, 소득, 건강 및 신체에 대한 우리의 주권을 증거할 수 있습니다. 가정, 직업, 몸은 우리 내부의 아이디어들이 바깥으로 표현된 것으로서, 우리의 이해에 따라 모습이 달라지게 되고, 이러한 진실을 알아야 우리는 주권을 행사할 수 있게 됩니다. 이렇게 주권을 행사하는 일은 인간성을 높이는 일도 아니요, 인간을 신성하게 만드는 일도 아닙니다. 인간성을 쓸어버리고, 우리의 신성을 드러내는 일입니다.

우리가 물리적인 면들을 개선하려고 애쓰고 있는지 그렇지 않은지를 지켜봄으로써, 우리는 우리의 영적인 펼쳐짐의 단계를 알 수 있습니다. 우리는 사람이나 동물 또는 식물이 갖고 있는 유기체적인 생명이 하나의 '생명', 곧 하나님이라는 것을 말하고자 하는 것이 아닙니다. 인간이라는 것은 참 '생명'의 제한된 개념화임을 기억해야 합니다. 그러므로 물리적 우주를 치유하려 하거나 변화시키려고 하거나 고치려고 하는 것은 우리의 영적 의식이 충분히 발달되지 못했다는 증거입니다.

그리스도-의식은 모든 생명을 하나님으로 인지합니다. 시각과 소리로 나타나는 물질적인 것은 그 생명 자체가 아니라, 단지 환상이나 존재의 거짓된 감각일 뿐임을 깨달아야 합니다. 영으로서의 우리 의식은 무엇이 참된 '생명'인지를 분별합니다.

문제의 차원에서는 문제를 해결할 수 없는 것과 마찬가지로, 겉모습의 차원에서는 겉모습의 문제를 해결할 수 없습니다. 조화로운 삶을 살기 위해서는 겉모습의 차원을 뛰어넘어야 합니다. 오감으로 보고 듣고 느끼는 것은 사물의 참모습이 아닙니다. 그러니 우리는 그 차원에서 생각해서는 안 됩니다. 겉모습을 무시하고, 오감으로 나타나는 그림에서 떠나, 바로 지금 여기에서 영원히 존재하는 '실재'를 인식하기 시작해야 합니다.

존재의 새로운 지도

우리의 참모습은 영으로서 존재합니다. 우리가 영으로서의 참존재를 인식하는 정도에 따라, 그 안에서만, 우리는 물질로서의 삶에 대한 거짓된 감각을 떠날 수 있습니다. 그때에야 인간, 동물, 식물의 유기체적인 생명이라는 것이 존재에 대한 거짓된 감각에 지나지 않는다는 것을 알게 됩니다. 그럼으로써, 소위 물질생활의 필요성에 대한 걱정과 관심이 불필요하다는 것 또한 실감하게 됩니다. 우리가 바라보는 아름다움들은 모두가 다 신의 창조를 암시해 주긴 하지만, 그것들은 사실 영적인 창조나 완전한 창조가 아닙니다. 병들고 나이 들고 죽어가는 모습들은 결코 삶의 실상이 아닙니다. 우리가 이러한 의식 상태에 도달할 때, 우리는 물질적인 조건이나 필멸의 생각들에 의해서는 닿을 수 없는, 영원한 영적 존재를 얼핏이나마 엿보기 시작합니다. 우리가 보고, 듣고, 맛보고, 만지고, 냄새를 맡는 세상에서 방향을 돌이킴에 따라, 우리는 영감 넘치는 비전들을 보게 되고, 신이 창조하신 땅을 만나게 됩니다.

치유 사역을 할 때, 우리는 우리가 보는 우주의 구조를 고려하지 말아야 합니다. 우리는 그것을 고치거나, 바꾸거나, 수정하거나, 구하라는 요청을 받은 것이 아닙니다. 그것을 명심해야 합니다. 우리는 무엇보다 먼저, 그것이 삶에 대한 거짓된 감각으로서만, 환상으로서만 존재한다는 것을 기억해야 합니다. 이렇게 유리한 의식의 지점에서, 우리는 영적인 감각을 통해 "손으로 만들어진 것이 아닌 영원한 하늘집"을 보게 됩니다(고후 5:1 참조).

우리는 특정한 사람들에 대해 훌륭한 생산자, 돈벌이가 좋은 사람, 탁월한 세일즈맨, 능력 있는 치유자 등으로 생각하기 쉽습니다. 하지만 다시 생각해 보아야 합니다. 우리는 어떤 사람으로 정해져 있는 것이 아니라, 어떤 의식 상태에 있는 것일 뿐입니다. 어떤 의식 상태가 치유를 하고, 갱신시키고, 페인트를 칠하고, 글을 쓰고, 작곡을 하는 것입니다. 어떤 의식 상태가 우리에게 한 사람으로서 보이는 것일 뿐입니다. 인간이 살아가는 장면 장면들은, 신에 대해서나 인간에 대한 우리의 제한된 개념 때문에 벌어진 사태들일 뿐입니다. 다른 사람들이 우리가 그려 놓은 그림에 따라 살지 않으면, 우리는 실망하고 괴로워할 때가 많습니다. 특정한 사람에게 특정한 의식의 자질을 부여해 놓고는, 그가 그 자질을 보여주지 않으면 우리는 그 사람이 그럴 줄 몰랐다고 괴로워합니다.

성서에는 모세, 이사야, 예수, 바울 등의 인물이 등장합니다. 모세는 리더의 자질을 가진 의식 상태를 대표하고, 이사야는 예언자의 자질을 보여줍니다. 예수는 메시아 의식, 곧 구원과 치유의 은혜를 보여줍니다. 바울은 메신저, 설교자, 교사로서의 의식을 가지고 있었습니다. 그러나 이런 것들은 의식이 자기 스스로를 표현하여 특정한 의식 상태로 나타나서 우리에게 특정한 사람들로서 보여지는 것일 뿐입니다.

조지 워싱턴은 국가 개념이 순수하고 투철한 의식을 대표하고, 에이브러햄 링컨은 개인의 진실성이 극대화된 자질을 대표합니다.

우리 자신에 대해 생각할 때, 우리는 소위 인간으로서의 자질들을 나타내고 있을 뿐임을 잊지 말고 의식으로서의 우리 자신을 이해하려고 애써야 합니다. 그럼으로써 우리 자신으로서 스스로를 표현하고 있는 의식이, 우리와 우리가 애쓰고 있는 것들을 유지하고 번성시키고 있다는 것을 깨닫게 됩니다.

　　우리가 '신'이나 '생명', '신적인 지성', '신적인 자질'을 표현하고 있다는 것을 우리 스스로 믿지 못할 때가 적지 않습니다. 하지만 결코 그렇지 않습니다. 신, 곧 '의식'은 자기 자신과 자신의 자질들을 영원토록 표현하고 있습니다. '의식', '생명', '영'은 실패하는 법이 없습니다. 우리가 할 일은, 긴장을 풀고 우리의 '영혼'이 스스로를 표현하도록 허용하는 법을 배우는 것입니다. 에고는 개인적, 육체적, 정신적 노력을 통해 무언가 자신의 존재를 주장하려고 하고, 무언가 그럴듯한 일을 해내려고 합니다. "생각에 사로잡히지 말라"는 것은 머리로 이리저리 생각을 굴리지 말고, 신의 생각이 우리의 의식을 채우도록 허용하라는 것입니다. 우리가 개인화된 '영 의식'이기 때문에, 우리는 '의식'이 자기 자신을 스스로 성취하고 자신의 사명을 다할 것임을 언제나 신뢰할 수 있습니다. 우리는 '생명'이 자기 스스로를 표현하고 성취하는 활약상을 지켜보는 관중이고 증인입니다.

　　우리는 날이 갈수록 점점 더 관중이 되고 증인이 되어야 합니다. 우리는 '생명'과 '생명'이 펼치는 조화를 지켜보는 자가 되어야 합니다. 우리는 아침마다 새로운 날이 펼쳐져서 매시간 새로운 기쁨과 승리를 드러내는 모습을 깨어서 지켜보아야 합니

다. 우리는 영원한 '생명'의 계시, '의식'의 무한한 표현들, '영'의
활동과 그 장대한 나타남을 지켜보고 있다는 것을 하루에도 여러
차례 의식적으로 깨달아야 합니다. 일상의 모든 상황 속에서,
우리는 신께서 우리 자신의 뒤쪽에 서서 활동하시는 것을 알아차
리고, 그것을 지켜보는 법을 터득해야 합니다. '사랑'이 우리가
하는 일들 위에서 활약하고 있음을 지켜보고, 신께서 우리 주변의
모든 사람들 안에서 스스로를 드러내시는 것을 지켜보아야 합니
다. 그런 일에 익숙해져야 합니다.

우리는 밤마다 우리의 휴식으로 인해 우리를 위한 신의 활동
또한 멈추는 것이 아님을 깨달아야 합니다. 잠자는 중에도 '사랑'
은 날개를 펼쳐 우리를 보호해 주고, '의식'은 우리에게 아이디어
를 나누어주고, '신성한 섭리'는 밤 동안 내내 우리를 지켜줍니다.
바깥의 어떤 것도 '의식'으로 들어와서 더럽힐 수가 없습니다.
'신'은 우리의 정신의 출입구에 서서, 오직 실재와 실재가 펼치는
조화만이 들어올 수 있도록 우리를 지켜줍니다.

지켜보는 사람이 되십시오. 증인이 되십시오. 당신의 의식
안에서 그리스도께서 나타나 활약하시는 것을 목격하십시오.

영과 육 사이에는 전쟁이 그치지 않습니다. 이 전쟁은 우리가

육신의 감각을 기꺼이 환영하는 한 계속 이어질 것입니다. 물질적 개념들 위에 '영'과 '영'의 법칙을 적용시키려는 시도가 바로 이 전쟁을 지속시키는 원인입니다. 우주에 대한 구조적 감각과 인간에 대한 육적 감각이 극복되었을 때만이 평화가 찾아옵니다.

형이상학적 진리를 인간의 문제에 적용하려고 하는 일이 얼마나 많은지 모릅니다. 그것을 알아차리기만 해도, 당신은 당신의 내면에서 일어나는 갈등의 원인을 발견하게 될 것입니다. 우리의 목표는 영적 조화를 성취하는 데에 있는 것이지, 더 편안하고 안전하게 물질적 존재감을 지속시키는 데에 있는 것이 아닙니다.

진실찾기 게임의 초기에는, 병든 사람을 낫게 해주는 일이나 가난한 사람을 더 풍요롭게 해주는 일, 죄를 짓는 사람을 도덕적으로 반듯한 사람으로 변화시키는 일에 매달려 다른 생각을 할 겨를이 없습니다. 영적 의식의 교사가 되려고 하면서 우리는 이러한 목표를 어느 정도는 성취한 것처럼 보이기도 합니다. 인간과 세상에 대한 물질적 개념을 다스리기 위해 '진실'을, '하나님'을 '활용'하려고 하는 경우가 적지 않습니다.

영적 탐구와 명상을 게을리하지 않으면 우리는 결국 내적 갈등에 대해서 알아차리게 됩니다. 우리는 산을 오르내리는 것

같은 체험을 즐기게 됩니다. 넘어져서 불확실성의 계곡에서 헤매기도 하고, 승리를 쟁취하기도 하고, 실패의 쓴맛을 경험하기도 합니다. 선과 악, 성공과 실패, 영성과 죽어질 운명, 건강과 질병 사이를 오고 갑니다. 영과 육의 싸움에서는 이런 내적 갈등이 분명히 나타나게 마련입니다. 이 싸움은, 우리가 죽어질 육의 감각을 떠나서 영적 존재로서의 의식을 획득할 때만이 끝날 수 있습니다.

"나의 왕국은 이 세상에 속하지 않는다"는 말씀은, 더 높고 새로운 의식의 구축을 위한 토대가 됩니다. 인간과 사물에 대한 인간으로서의 감각을 떠나려는 의지와 능력, 그리고 신이 창조하시는 인간과 우주에 대한 인식이 필수적입니다.

더 많은 돈벌이가 영적 풍요로움은 아닙니다. 더 많이 쌓는 것이 안전을 보장하지 않습니다. 육신의 건강이 반드시 영원한 삶의 토대가 되어주는 것은 아닙니다. 사람들은 그런 인간의 조건들을 개선하기 위해 믿음을 이용하고 강화하려고 들기 일쑤입니다.

배움이 많이 진척된 사람은, 영적 존재로서의 진실이 자신의 의식 안에 펼쳐지도록 하기 위해 인간성을 개선하려는 노력이나 믿음을 증진하려는 노력을 점차 포기하게 될 것입니다.

영으로서의 자신을 살아가는 것은, 진실로 존재의 영원한 조화를 뜻하는 건강의 원천입니다. 그것은 한계가 없는 공급의 의식이며, 생각을 내지 않고도 얻어지는 경지입니다. 하지만 기억하십시오. 우리는 건강과 공급에 대한 인간적인 의미를 갖고 하나님이나 영과 다시 이어지려고 하는 것이 아닙니다. 그보다는, 우리가 영적 건강과 공급의 의식으로 들어서고 있다고 해야 할 것입니다. 지금까지 우리는 세상적인 문제에서 더 많은 조화를 구현하고 지배권을 행사하려고 애써 왔습니다. 천상의 존재로서의 의식이 인간의 삶에 더 많은 조화를 가져온다는 것은 진실입니다만, 이것들은 우리가 하늘나라와 그 의를 추구하는 결과로 따라오는 "더해진 것들"일 뿐입니다. 하늘나라의 의는 선에 대한 인간의 개념과는 매우 다르다는 것을 알게 될 것이며, 우리가 추구해야 하는 것은 바로 이런 지고한 선입니다.

"내 생각은 너희 생각과 다르고, 내 길은 너희 길과 다르다"(사 55:8). 이런 까닭에, 우리는 인간의 생각을 더 낫게 바꾸려고 하지도 않고, 인간의 길을 더 평탄하게 하려고 시도하지도 않습니다. 우리는 진실로 신의 생각, 신의 길을 배우려고 할 뿐입니다.

펼쳐짐의 이 단계에서, 우리는 자신과 우리 자신의 복지에 대한 모든 걱정을 내려놓아야 합니다. 개인의 복지에 대한 걱정은 모래 위에 지은 건물인 반면, '실상'을 찾기 위해 헌신하는 삶은 영원한 생명의 성전을 지을 수 있도록 바위 위에 기초를 닦는 일입니다. 지속적인 행복과 번영은 우리가 헌신할 수 있는 대의명분이나 법칙을 우리가 가질 때에 비로소 찾아질 수 있습니다. 우리가 자기 위주의 사고방식을 내려놓을수록, 우리는 신적인 '자아'의 계시와 펼쳐짐을 위한 공간을 더욱더 마련하게 됩니다. 참자아 안에서, 우리는 우리의 완전성과 우리의 무한성을 발견합니다. 바로 여기에 우리의 존재 이유가 있는 것이지요.

신께서는 세상과 그 안에 있는 모든 것을 진화시키셨습니다. 우리가 감각을 통해서 보는 것은 그 세계 자체가 아니라, 신이 창조하시는 세계에 대한 유한의 거짓된 개념입니다. 의식의 상승으로, 우리는 영적 우주와 그 목적을 인지하기 시작합니다.

내면의 자아를 찾은 사람은 자신이 모든 사람들, 동물들, 사물들과 하나라는 것을 깨닫습니다. 그는 이제 한 사람에게 영향을 미치는 것이 모두에게 두루 영향을 미친다는 것을 알고 있습니다. 이러한 진리의 보편성은 모든 경전에서 찾아볼 수 있습니다.

선물로 사람의 마음을 사로잡으라. 자선은 돌아오는 것이
많다. 자선이야말로 가장 큰 부이다. 아무리 나누어주어도
후회할 일은 없을 것이기 때문이다.   힌두 경전

다른 사람들에게 많이 나누어줄수록, 더 많이 갖게 될
것이다. 하늘과 땅이 그들의 것들로 가득 차리라.

중국 경전

친족이 마땅히 갚아야 할 것을 여러분이 대신 갚아 주십시
오. 가난한 사람들과 나그네를 도와주십시오. 여러분이 마음
으로 베푼 선을 여러분은 알라 신과 더불어 되찾을 것입니다.

코란

받는 것보다는 주는 것이 더 큰 축복입니다. …베푸십시오,
그러면 여러분은 그것을 다시 받게 될 것입니다. 다시 받되,
꾹꾹 눌러 담아서 차고 넘치도록 후하게 받을 것입니다.
여러분이 다른 사람들에게 되어주는 분량대로, 그렇게 여러

분은 되돌려 받을 것입니다.

누가복음 6:38

우리가 모든 피조물과 하나됨을 깨닫게 되면, 우리는 더욱 사랑에 넘치고, 온화하고, 참을성 있고, 이해심이 많게 됩니다. 그때가 되어야 우리는 "네 이웃을 네 몸처럼 사랑하라"는 위대한 가르침을 성취할 수 있게 되고, 그때가 되어야 비로소 우리는 신의 왕국을, "손으로 만들어지지 않은" 성전을, 다시 말해 신께서 창조하시는 사람과 우주를 엿볼 수 있습니다. 세상의 모든 것을 지배할 수 있는 권한이 주어진 것은 바로 이 영적인 사람, 신께서 창조하신 사람입니다.

경건이나 신성에 관한 신비를 제외하면 내면의 삶에 대한 신비는 아무것도 없습니다. 사상가들은 모두 자신의 안녕, 자신의 가족과 공동체, 자신의 나라, 심지어는 세상 전체에 대해서 관심을 갖습니다. 하지만 경험을 해가다 보면, 그는 얼마 지나지 않아 세상에 묻혀 사는 사람이나 이 세상의 권력에는 희망이 없다는 것을 확신하게 됩니다. 사람들은 너무 이기적입니다. 절대 다수가 자신의 이익에만 매달려 있고 너무 사로잡혀 있어서 자기만의 관점에서 벗어나지 못합니다.

더 야심 찬 사람들이 물질적으로나 정신적으로 더 많은 성취를 하고 더 높은 자리에 앉는 경우가 적지 않습니다. 세상은 진정성과 사랑이 결핍된 사람들에 의해 장악되곤 합니다. 정치가들도 자기 위주의 사고방식을 벗어나는 경우가 드물어서, 헛된 그림 속에서 길을 잃어버리곤 합니다.

인류가 하나 되는 날이 밝아오기를 갈망하는 남자들과 여자들이 적지 않지만, 그들의 마음은 선의를 가진 사람들에 대한 끊임없는 조롱에 시달리곤 합니다. 성공은 대체로 권력에 취한 사람이나 돈에 목마른 사람들의 몫으로 돌아가곤 합니다. 고귀한 비전을 가진 사람들은, 인간의 생각 속에서 작동하는 악의 세력을 극복하기가 너무나 힘겹다는 절망감과 인류의 진보에 대한 그들의 희망 사이에서 흔들릴 수밖에 없습니다. 결국 같은 질문이 계속해서 제기됩니다. 이 악의 통치를 멈추고, 전쟁을 중단시키고, 기근과 역병을 막을 수 있는 힘은 정녕 없는 것인가? 네 명의 기사들 앞에서 인간은 무력하기만 한가? (「요한의 묵시록」에 나오는 네 명의 기사. 어린 양이 푸는 일곱 개의 봉인 중 처음 네 개의 봉인이 풀렸을 때 나타난다고 한다. 각각 억압, 전쟁, 기근, 죽음을 뜻한다: 역자)

「묵시록의 기사」. 빅토르 바스네트후 작(1887년).

　　인간 경험의 시련과 환난으로부터 자유를 찾는 여정은 이미 시작되었습니다. 그것은 결국 신을 찾는 일이며, 의식의 어느 자리에 있든 바로 그 자리에서 각자 참자아를 찾는 일에서부터 시작됩니다. 교회를 배경으로 종교적 의미를 깊이 탐구하는 사람이라면, 종교적 예배 속에서, 신조나 도그마 속에서, 혹은 특정한 형태의 예배 속에서 '파워'를 구할 수 있습니다. 지식인이라면 의심할 여지 없이 철학의 영역이나 철학적·종교적 가르침 중에서 '파워'를 구할 것입니다. 최근에는 이러한 탐구가 인문학적 가르침이나 요가 수행으로 나타나곤 합니다. 의심할 여지 없이, 많은 사람들이 이런저런 단계에서 신이나 '파워'를 구하게 되고, 그것은 결국 세상적인 것의 지배에서 벗어나는 길이 될 수 있습니다.

어느 날, 구도자에게 내면의 변화가 일어납니다. 의식이 확장되어 전에는 보이지 않았던 것이 보이기 시작합니다. 뭔가 따뜻한 흐름이 느껴집니다. 전에는 알려진 적이 없는 신적인 존재가 실재로 느껴집니다. 하지만 이런 경험은 곧잘 스쳐 지나가 버리곤 합니다. 어떤 일이 일어났는지 확실하지 않을 수도 있습니다. 그것은 기억 속에 남아 있지만, 다시 일어날 때까지는 현실보다는 꿈처럼 여겨질 것입니다. 그러다가 그 일이 다시 일어날 때에는 예전보다 더 명확해지고 더 오래 지속될 수 있습니다. 신적인 존재가 항상 현존한다는 깨달음이 의식 속에 점차 밝아져 옵니다. 이러한 신적 존재는 의식의 배경에 숨어 있는 것처럼 느껴질 수 있습니다. 시시때때로 그것은 순간의 장면이나 경험을 지배하는 매우 압도적인 존재가 되기도 합니다.

이제 악은 점점 그 존재가 희미해져 갑니다. 병은 그다지 심각한 문젯거리가 되지 않습니다. 재정적 스트레스나 결핍감도 존재의 충만감에 자리를 비켜줍니다. 별다른 생각이나 계획을 하지 않는데도 걱정이나 두려움 없이 모든 필요가 충족되기 때문에, 자기 자신에 대한 걱정거리도 사라집니다. 지금까지 두려워했던 사람들이나 힘은 이제 시야에서 사라져서 경험하지 않아도 되고, 삶 속에 나타나더라도 예전과는 달리 그들이 무력해 보입니다. 욕망이라는 것도 예전에 비하면 훨씬 무뎌져 있다는 것을 발견하게 됩니다. 두려움들도 증발해 버리고 없습니다. 확신, 자신감, 깨어 있음, 섬세함—이런 자질이 자기 자신뿐만 아니라, 일상 속에서 만나서 교류하는 사람들에게서도 확실하게 보이게 됩니다.

내면의 신적 존재가 이제는 내면의 '파워'로 차츰 자리를 잡아 갑니다. 가끔씩 그것은 지속적인 깨어 있음으로 경험되기도 합니다. 외적 경험 속에 나타나는 고통과 쾌락의 힘은 위축되고 희미해져 가고, 외적 삶을 조화롭고 풍성하게 열매 맺게 하는 내적 파워들에 대해서는 점점 더 분명하게 인식하게 됩니다. 외부 세계의 악에 대한 두려움은 더 이상 찾아볼 수 없고, 외부 세계가 가져다주는 더 행복한 것들에 대한 강한 끌림도 이제는 더 이상 찾아볼 수 없습니다. 세상의 쾌락을 누리고 즐길 수도 있지만, 그것을 추구하는 일도 없고, 그럴 형편이 되지 않더라도 아쉬워하지 않습니다. 내면의 지속적인 기쁨으로 인해 굳이 외부적인 자극을 필요로 하지 않게 됩니다.

이러한 의식 속에서, 내면의 빛은 신으로 인식될 수도 있고,

신성의 발현으로 느껴질 수도 있습니다. 신은 내면의 신성한 기운이나 영향력으로 느껴집니다. 자신의 내적 참자아를 발견한 사람들은 공통적으로 그런 경험을 합니다. 그리고 그런 경험은 그 사람의 건강과 성공으로 이어지기도 합니다. 내면의 참자아를 깨달은 사람에게서는 태양에서 태양빛이 방사되는 것처럼 빛이 방사됩니다.

자신의 내면에서 참 생명을 찾은 사람은 평화, 기쁨, 조화, 안전 안에서 살아가게 됩니다. 세상적으로 실패를 하는 일이 있더라도, 그는 흔들리지 않는, 누구도 어떻게 할 수 없는 불멸의 존재로 당당하게 서 있을 수 있습니다.

우리가 더 이상 오감의 육체적 감각에 의해 제한받지 않고, 영적 감각 곧 그리스도 의식을 어느 정도 달성하게 되면, 우리는 '여기'나 '저기', '지금'이나 '이후'에 제한받지 않고 살아갈 수 있습니다. 시간이나 공간을 의식하지 않고 들고 나는 가운데, 측정할 수 없는 펼쳐짐이, 목적 없는 깨달음이 일어납니다.

이 의식 속에서는, 제한된 감각이 사라져서 경계 없는 비전이 펼쳐지게 됩니다. 인생은 어디에도 매이지 않는 형상과 한계 없는 아름다움으로 보여지고 이해됩니다. 모든 세대의 지혜가

한 순간에 두루 파악되기도 합니다. 죽음이 사라지고, 소위 넘을 수 없는 장벽으로 우리 자신과 분리된 과거의 사람들을 다시 한 번 만나게 되기도 합니다. 이러한 친교는 심령술을 통한 죽은 자와의 교신이 아니라, 죽음에 의해 가로막힐 수 없는 영원한 삶에 대한 인식입니다. 불멸의 실재가 보여지고 이해되는 것입니다. 그것은 시작도 없고 끝도 없는 삶에 대한 비전입니다. 실재가 빛으로 드러난 것입니다. 이 의식 속에서는, 시간과 공간의 물리적 장벽이 없습니다. 비전은 우주를 두루 포괄합니다. 그것은 시간과 영원을 이어줍니다. 그것은 모든 존재를 다 포함합니다.

이 빛 속에서, 우리는 눈이 없이 봅니다. 귀가 없이 듣습니다. 예전에는 알려지지 않았던 것을 이해합니다. 우리가 있는 곳에 신이 계십니다. 왜냐하면 더 이상 분리나 분열이 없기 때문입니다. 여기에는 보상도 없고, 처벌도 없습니다. 조화가 있습니다. 삶은 인과의 법칙이나 과정에 의존하지 않습니다. 우리는 빵만으로 살지 않습니다. 우리는 하늘나라를 '엿볼' 수 있고, 죽어질 육안으로는 볼 수 없는 것을 봅니다.

영적 감각은 인간의 선에 관여하지 않지만, 그리스도 의식은 우리의 인간 경험으로 나타나는 것들 안에서, 우리의 현재 상황에 이용될 수 있는 형태로, 존재와 조화를 드러내어 보여줍니다. "나의 왕국은 이 세상에 속하지 않지만, 여러분의 아버지께서는 여러분에게 필요한 것들이 무엇인지를 다 알고 계십니다." 그리고 그분은 여러분이 요청하기도 전에 여러분이 원하는 것을 공급해 주십니다.

예수께서 제자들에게 말씀하셨다. "그러므로 내가 너희에게 말한다. 너희 목숨을 위하여 무엇을 먹을까, 너희 몸을 위하여 무엇을 입을까 조금도 걱정하지 말라. 목숨이 음식보다 소중하고, 몸이 옷보다 소중하다. 저 공중의 까마귀를 보아라. 뿌리지도 않고, 거두지도 않고, 곳간에 쌓아두지도 않지만, 하나님께서는 그것들을 다 먹여 주신다. 하물며 너희는 새들보다 더 귀하지 아니하냐? 너희 중에 누가 염려하고 걱정한다고 해서, 단 하루인들 자기 수명을 늘릴 수 있느냐? 이처럼 너희가 지극히 사소한 일조차 해낼 수 없는데도, 무엇 때문에 다른 일들을 그토록 염려하고 걱정하느냐? 저 들판의 백합화를 보라. 실을 잣지도 않고 베도 짜지 않지만, 모든 영화를 누린 솔로몬도 저 꽃만큼 아름답게 차려입지 못하였다. 믿음이 적은 자들아! 보아라, 오늘 피었다가 내일 아궁이에 던져질 들판의 풀들조차도 하나님께서 이렇게 잘 입히시는데, 하물며 너희야 더욱 잘 입히시지 않겠느냐? 그러므로 너희는 무엇을 먹을까, 무엇을 마실까, 조금도 염려하지 말라. 그런 것들은 세상 사람들이 날마다 열심히 추구하는 것들이다. 사실, 너희 하늘 아버지께서는 그런 것들이 너희에게 필요하다는 것을 충분히 알고 계신다. 그러므로 너희는 먼저 하나님의 나라를 추구하라. 그리하면, 이 모든 것들이 너희에게 더하여 주어질 것이다. 어린 양들아, 두려워하지 말라. 너희 하늘 아버지께서는 그 나라를 너희에게 주시기를 진정 기뻐하신다."

누가복음 12:22-32

영혼

영혼은 사람들에게 거의 알려지지 않은, 사람의 일부입니다.

사람이 깊은 슬픔에 빠져 물질적인 감각들이 안개 속처럼 희미해져서 존재의 가장 깊은 곳에 이르게 되면, 그는 자신의 영혼, 곧 자신의 실재를 발견하게 됩니다. 그들은 영혼을 의식하게 되어, 새로운 가치, 새로운 자원, 새롭고 다른 힘, 그리고 전적으로 다른 본성의 존재를 찾고 추구하게 됩니다.

영혼의 기능이 활성화되면 감각의 환상에서 벗어나게 됩니다. 인간의 모든 부조화는 물질적 감각의 산물로, 오감을 통해 경험됩니다. 다시 말해 세상의 부조화들은 모두 보고, 듣고, 느끼고, 맛보고, 냄새를 맡는 일과 관련됩니다. 이 물질 의식 상태에만 존재하는 부조화와 질병은, 오감에는 매우 실재인 것처럼 보이지만 사실은 거짓 감각, 곧 환상으로서만 자기 존재를 가집니다.

잘못된 건강, 부의 잘못된 조건, 그리고 일상생활 속에서의 다른 부조화로부터 벗어나 일시적이나마 안전을 강구하는 많은 방법들이 있습니다. 하지만 오류의 완전하고 최종적인 파괴는 오직 영혼의 기능이 활성화됨으로써만 성취될 수 있습니다. 영혼은 내면 깊은 곳에 묻혀 있는 사람의 일부이기 때문에, 거의 실현되지 않습니다. 수학 능력과 음악 능력 같은 것은 존재의 표면 가까이에 있기 때문에 발휘하기가 쉽습니다. 일반적인 비즈니스 능력과 방향 감각 또한 마찬가지입니다. 예술가, 작가, 숙련된 음악가적 감각은 보다 깊은 곳에 있지만, 이것들이 발현되면, 위대한 음악, 문학, 그림, 조각 및 건축 작품이 태어나게 됩니다.

영혼과 그 기능은 이것들보다 더 깊은 곳이기는 하지만, 우리 자신의 의식이 닿는 범위 안에 숨겨져 있습니다. 영혼의 힘에 접속되면, 우리 안에서부터 나온 이 힘이 우리 일상생활의 모든 곳에 가 닿아서 우리들 존재의 매 순간에 영감과 아름다움과 평화와 기쁨과 조화를 주고, 우리의 경험 속에서 일어나는 모든 일들을 사랑으로, 이해로, 성공으로 옷 입혀 줍니다.

물론, 감각의 고통과 쾌락으로 너무 바쁜 사람들은 영혼의 영역에 도달할 수가 없습니다. 모든 시대에 걸쳐, 이 생명수를 마시라는 초대가 확대되어 왔으며, 어느 시대에나 자신의 내면에서 영원한 젊음과 평화를 찾은 사람들이 있어 왔습니다. 영혼의 원천에 더 깊이 빠져들어 생명수를 흠씬 들이마신 사람들이 종종 나타나서, 이들 선견자들은 내면의 왕국, 생명의 나라에 대해 이야기하면서, 이 의식이 성취될 때에는 은총에 의해 살게 된다고 말해 왔습니다. 하지만 많은 사람들은 막대한 의무감에 시달리면서 살다가 인생을 끝마쳐 버리고, 어떤 이들은 감각의 쾌락과 즐거움, 레크리에이션에 많은 시간을 보내 버립니다. 자기 존재의 자리매김과 성취에 함몰되어 버리는 사람이 너무나 많습니다.

두려움, 불안, 결핍감, 나쁜 건강 상태로부터 자유로울 수 있는 길은 물질 영역 내에서는 찾을 수가 없다는 것을 점점 더 많은 사람들이 깨달아가고 있습니다. 전쟁으로는 전쟁을 끝낼 수 없습니다. 산업 경영이 결핍감으로부터의 안전을 보장해 주지는 않습니다. 의약품은 고통을 경감해 줄 수는 있지만 진짜 건강을 가져다주지는 않습니다.

우리의 타고난 권리인 조화와 평화와 행복을 차지하고 누리려면, 인간의 몸이나 생각에서 찾을 수 있는 것보다 더 큰 힘에 발을 들여놓아야 합니다. 이 힘은 이미 우리 존재의 일부이기 때문에, 모든 사람이 다 활용 가능합니다. 사실, 그것은 우리 존재의 가장 위대한 부분입니다. 물 위에서 볼 수 있는 빙산이 전체의 작은 일부일 뿐이듯이, 몸과 마음의 힘은 우리의 가진 힘과 능력의 3분의 1에 지나지 않습니다.

영혼의 힘은 자연의 힘이나 온갖 문명을 가져온 발명의 힘보다 더 실제적이고 구체적입니다. 그것은 더 높은 수준의 의식에서 작동하지만, 이른바 인간이 겪는 문제들을 통해서 분명하게 나타납니다.

영혼의 힘은 인체에 작용하여 건강과 조화를 만들고 유지합니다. 그것은 일상 속에 존재하는 모든 길을 보호하고, 무한 공급의 원천이 되어줍니다.

영혼의식이 열린 사람들은 평화와 기쁨으로 자기가 자기의 인생 주인이 되어 세상을 살아갑니다. 그들 자신은 물론 다른 사람들과 동물들, 사물들과도 완전한 조화 속에서 살아갑니다. 그들은 자신들의 영혼의 힘에 조율되어 있으며, 그로써 모든 창조물과 일심동체가 됩니다.

누구나 다 영혼에 접속할 수 있습니다. 그것은 우리들 존재의 가장 깊은 곳에 있습니다. 인생에서 더 고상한 무엇을 성취하겠다는 바람이 가장 필수 조건이고, 다음으로는 목표가 성취될 때까지 내면으로의 방향전환이 계속적으로 이루어져야 합니다.

몸의 건강과 물질의 공급보다 훨씬 더 중요한 것이 있다는 사실을 깨닫는 것은, 좋은 출발점이 될 수 있습니다. 더 많은 돈, 더 좋은 집과 자동차 이상의 무엇인가가 필요하다는 것, 더 많은 여행이 레크리에이션의 궁극은 아니라는 것, 질병의 부재가 반드시 건강은 아니라는 것을 얼핏이라도 실감할 수 있을 때, 다시 말하자면 "내 왕국은 이 세상에 속해 있지 않다"는 것을 알아차릴 때, 우리는 영혼의 영역을 발견하기 위해 올바른 방향으로 나아가고 있는 것입니다.

근육의 힘을 통해 무거운 것을 들어 올리는 방법, 팔이나 다리로 압력을 가하여 물리적 힘을 사용하는 방법을 누구나 알고 있듯이, 우리는 깊은 생각이나 개인적인 의지를 통해 정신적 압력을 가하는 방법 또한 알고 있습니다.

이 영혼의 힘은 모든 물질적, 정신적 힘을 합한 것보다 우리를 위해 더 많은 것을 할 수 있습니다. 그것은 의심할 여지가 거의 없지만, 이 광대한 주제에 대해 세상의 관심이 부족한 한 가지 이유는, 우리의 영혼 속에 있는 거대한 파워의 저수지는 이기적인 목적을 위해서는 사용될 수가 없기 때문일 것입니다. 이 놀라운 힘을 생각해 보십시오. 경이로운 힘이 저장되어 있지만, 이기적인 목적을 달성하는 데에는 결코 사용될 수 없습니다. 바로 이 점 때문에 영혼 의식을 달성하는 사람이 거의 없는지도 모릅니다. 사람은 이기적인 욕망으로부터 자유로워지고 난 후에야 영혼의 존재를 알게 되고, 우리 안의 이 무한한 힘은 인류의 이익을 위해 봉사하려는 우리의 욕구에 비례하여 비로소 개인에게 나타납니다.

우리가 충만하고 행복하며 번영하는 삶을 사는 것은 당연하고, 자연스럽고, 정상적인 일입니다. 우리는 우리 자신을 위한 생각, 우리 자신의 공급이나 우리 자신의 건강을 위한 생각을 내지 않고서도 그런 삶을 누릴 수 있습니다. 우리의 복지에 필요한 모든 선은 우리가 애씀을 포기하고, 더 많이 얻고 성취하고 달성하려는 마음을 내려놓고, 우리가 이 지구에 온 운명을 성취하는 데에만 더욱더 의식을 집중할 때, 우리가 받아들일 수 있는 것보다 더 많은 풍요 속에서 우리에게 주어지게 될 것입니다. 우리는 신성한 계획의 일부로서 여기에 있습니다. 우리는 한 개인의 모습을 갖고 스스로를 표현하고 성취하는 '의식'입니다. 우리가 우리 자신의 자리매김에 연연하지 않고 수입이나 건강에 대한 염려와 두려움으로부터 벗어나 신께서 우리를 통해서, 혹은 우리로서, 자신의 운명을 성취할 수 있도록 허용하는 법을 배운다면, 우리는 '우리에게 더해진 모든 것들'을 발견하게 될 것입니다.

성경은 "땅은 주님의 것이며 거기에 가득 찬 것들도 주님의 것"이라고 말하고, "아들아, 내가 가진 모든 것이 너의 것"이라고 말합니다. 문자 그대로 진실입니다. 그러므로 우리 자신의 안녕에 대해서는 조금도 염려할 필요가 없습니다. 우리가 우리 자신을 잊고 '받아들임의 상태'가 되는 법을 배우면, 우리는 영혼의 파워, 영혼 의식, 영혼의 자원으로 가득 차게 되고, 우리의 삶은 자신이 발견한 것들을 기쁨으로 나누는, 영혼으로 충만한 남녀 동지들로 가득 차게 될 것입니다.

그리스도 예수 안에 있었던 생각은 평범한 사람들의 그것과 동떨어진 무엇이 아니며, 소수의 위대한 종교 지도자들만이 가질 수 있는 것도 아닙니다. 그리스도 예수 안에 있었던 생각은 당신의 마음과 다를 것이 없으며, 당신이 자기를 잊어버리고 당신 내면의 신성한 지혜에 열린 마음이 될 때, 당신에게도 스며들 준비가 되어 있습니다. 영혼의 자원은 당신이 받아들일 수 있는 것보다 훨씬 더 많이 쏟아부을 준비를 갖추고 당신의 의식의 문이 열리기를 기다리고 있습니다. 하지만 당신의 개인적인 바람이나 이기적인 욕망을 채워주려고 기다리고 있는 것이 아님을 명심해야 합니다. 이런 헛된 욕망은 우리의 영적 발전에 걸림돌입니다. 영적 파워를 사용하여 개인적이고 이기적인 목적을 달성하려고 생각해서는 안 됩니다. 영혼의 노래는 자유, 기쁨, 영원한 행복입니다. 영혼의 노래는 모든 인류에 대한 사랑입니다. 영혼의 노래는 바로 당신 자신입니다.

질병, 부조화, 그리고 그 밖의 물질적 조건으로부터 자유를 얻는 일은 왜 그렇게도 더디게 진행되는 것일까요? 그런 잘못된 것들이 사실은 실재하지 않는다는 위대한 계시를 알지 못하기 때문입니다.

신께서 우리를 위해 무엇을 해주시리라는 믿음, 치유자나 교사에 기대어 무언가 덕을 보려는 믿음에는 그렇게 힘을 쏟아부으면서, 온갖 오류가 사실은 실재하지 않는다는 위대한 진실에는 눈감고 지내는 경우가 너무나 많습니다. 사실, 물질은 없습니다. 우리 마음이 '물질'이라고 인식하는 것일 뿐입니다. 그것이 물질의 본질입니다.

오늘날 물리학자들은 물질이라고 불리는 것들이 사실은 마음의 잘못된 해석이라고 합니다. 마음은 신의 도구이며, 신은 '영'이십니다. 그러므로, 존재하는 모든 것은 영적 본성을 지닙니다. 제한된 감각에 의해 부여되는 이름이나 본성이 어떠하든지.

개개인의 의식은 신성 자체입니다. 그러므로, 사람이나 사물이나 조건 등 우리에게 올 수 있는 모든 것은 의식입니다. 모든 것은 의식으로서, 의식 안에서, 의식을 통하여 오는 의식입니다. 그리고 신, 곧 '의식'은 모든 개인의 영혼입니다. 신, 곧 섭리는, 모든 활동의 '법'입니다. 신, 곧 '영'은 우리가 의식하는 만물의 본질입니다.

제한된 감각으로 이루어진 거짓 교육을 통해, 우리는 특정한 개인들이나 사물들, 환경에 대해 두려움을 품어 왔습니다. 모두가 다 의식의 통로를 통해 우리에게 오고 있는 것이기에, 그들은 모두가 다 신적 존재들이고, '의식'의 나타남이며, '영'이 본질인데도 그것을 깨닫지 못하기 때문에 벌어지는 참사입니다. 우주와 인간을 제한된 것으로, 선과 악을 가지고 있는 것으로 보는 물질 의식은 거짓된, 제한된 감각입니다. 영적 의식은 개인을 신적 존재로, 신의 마음과 '영'의 마음만을 가진 것으로 알고 깨닫습니다. 그것은 전체 우주가 마음의 나타남이며, 신의 섭리에 의해 다스려진다는 자각입니다. 영적 의식은 겉모습 너머 실재를 보는 능력입니다. 그것은 신이 우리의 마음이기 때문에, 우리에게 나타나는 모든 것이 신 안에서의 일이고, 신께 속한다는 것을 인정하고 깨닫는 일입니다.

영적 의식은 물질이나 물질적 조건을 극복하지도 않고 파괴하지도 않습니다. 하지만 영적 의식은 어떠한 조건이나 환경도 제한된 감각이 있는 곳에 존재한다는 것을 알고 있습니다. 영적 의식은 나타나는 겉모습을 우리를 위해 번역해 주고, 그것들의 진정한 본성을 드러내어 줍니다.

영적 파워는 '영혼'으로부터 나옵니다. 당신의 영적 파워는 당신의 '영혼'으로부터 방사됩니다. 그것은 개인을 넘어서는 힘이고, 누구에게나 공평합니다. 자신의 영혼의 창을 열면, 누구나 다 감각의 세계를 초월하여 존재하는 세계의 무한한 영광을 볼 수 있습니다. '영혼'의 세상, 영적 감각을 통하여 보게 되는 세상은, 우리가 일찍이 보고 들어온 어떤 것보다도 훨씬 더 크고 광대합니다. 우리의 미혹된 생각은 우주를 물질적인 것으로 보지만, 깨달은 의식, 영혼 감각(Soul-sense)은 우주를 영적인 것으로 보고 이해합니다.

우리의 영적 감각이나 영혼의 힘의 발전은 현실과 동떨어져
서 이루어지지 않습니다. 이 고양된 의식으로 인해 모세는 자신의
백성을 이끌어 속박에서 벗어나게 하였고, 홍해를 건너게 하였습
니다. 이 의식은 예수를 통해 수많은 병자들을 치유하였고, 많은
사람들에게 실제로 음식을 공급해 주었으며, 죽은 자를 일으켜
세웠습니다. 바울을 통해, 그것은 많은 사람들로 하여금 깊은
슬픔과 박해를 초월하여 그리스도의 의식과 영적 자유함을 획득
하게 하였습니다.

영적 의식은 온갖 형태의 한계를 뛰어넘어 우리를 들어올려
서, 삶과 건강과 자유함에 대한 더 큰 의미를 갖게 해줍니다.
영적 의식이 있는 곳에는, 사람과 장소와 사물에 대한 어떠한
속박도 없고, 우리의 성취에도 아무런 한계가 없게 됩니다.

우리가 아는 한, 예수께서는 단 한 줄의 문장도 쓰지 않았습니
다. 하지만 그의 가르침은 세상의 많은 부분에서 도덕과 윤리의
토대가 되었습니다. 소수의 추종자들에게만 가르침의 말을 남긴
선견자들이 많지만, 말씀 자체의 파워에 의해 이들 메시지들은
세대에서 세대로 이어지면서 생명수가 되어주었습니다. 영적으
로 깨달은 남자들과 여자들이 표명한 지혜는, 그들로서는 자신들

의 생각이 지구를 싸고 돌면서 사람들의 삶과 행위에 영향을 끼치리라고는 꿈도 꾸지 않았겠지만, 시간과 공간에 묶이지 않습니다. 그들의 의식을 채우는 그리스도를 닮은 생각들은 물 위에 던져진 돌처럼 동심원을 그리면서, 모든 인류를 두루 포용할 때까지 계속 퍼져 나갑니다. 그렇습니다. 영적 의식은 실용적입니다. 그러나 풍요에 대한 우리의 소망은, 우리가 신의 선물로서 은혜를 경험할 수 있기 이전에 다른 사람의 풍요를 위한 바람이 되어야 합니다.

명상은 '영혼'의 영역으로 들어가는 문이며, 영감은 그 길입니다. 우리가 아침이든 낮이든 밤이든, 5분이든 10분이든, 들리지 않는 소리를 '경청'하려는 열린 마음으로 고요히 앉아 있는 법을 배울 때, 우리 자신의 내면으로 돌아가서 '고요한 작은 소리'를 기다리는 법을 배울 때, 우리는 명상의 습관을 가질 수 있게 됩니다. 영감이 우리를 소유하고 우리를 우리의 '영혼'의 안식처로 인도하도록, 명상의 기술을 개발하십시오. 이것이 새로운 탄생의 시작이며, 바로 여기에서 우리는 성령의 새로운 언어를 배웁니다. 인생이 새로운 의미를 갖기 시작합니다.

명상

명상의 사전적 정의는, "마음을 가라앉히거나 종교적인 활동으로서 고요히 생각하는 것. 어떤 것에 대해 오랜 동안 진지하게 숙고하는 일"입니다.

영적인 언어로 본다면, 명상은 기도입니다. 참된 기도인 명상은, 우리 자신이나 우리의 문제에 대해서 생각하는 것이 아니라, 신과 신의 활동, 신의 본질, 그리고 신이 창조하신 세상의 본질에 대해 묵상하는 것입니다.

모든 사람들이 날마다 시간을 내어 조용한 곳으로 가서 명상을 해야 한다고 생각합니다. 명상을 하는 동안에는, 자신의 생각을 신께 돌리고, 신에 대한 자신의 이해를 잘 살펴보고, 성령의 본질과 역할 등에 대한 더 깊은 이해를 추구해야 합니다. 자신의 병이나 그밖의 다른 문제들을 놓고는 명상을 하지 않도록 주의해야 합니다. 명상을 하는 시간은 신과 신이 창조하신 우주에 대해 생각을 집중하고 헌신하는 시간으로 특별히 따로 정해 놓아야 합니다.

신은 모든 개인의 마음과 영혼이므로, 신의 왕국에 마음을 조율하면 누구나 신의 메시지를 받을 수 있습니다. 마음을 열기만 하면, 무한한 '사랑'의 혜택을 받을 수 있습니다. 명상이나 기도의 시간에 우리가 받는 신의 은혜는, 우리들이 필요로 하는 것들을 충족시키는 데에 부족함이 없도록 눈에 보이는 것들로 구체화되어 우리에게 나타납니다. 우리가 영적 이해를 수용하기 위해 마음을 열지 않는다면, 일상생활 속에서 영적으로 좋은 것들을 경험하지 않는다고 해도, 조금도 놀랄 일이 아닐 것입니다. 영혼의 영역에 우리의 의식을 열기 위해서는, 신의 세계에 대해 묵상하면서, 명상이나 기도를 하는 것 외에 다른 방법은 없습니다. "주께서는 주께 한결같은 마음을 유지하는 자에게 평화를 넘치도록 부어 주시리니"(사 26:3 참조).

우리의 생각은 하루 종일 바쁩니다. 인간으로서의 여러 가지 활동들, 가족을 돌보고 생계를 유지하기 위한 여러 가지 의무들, 공동체의 이런저런 일들, 때로는 국가적인 큰일 등을 처리하느라, 날마다 분주합니다. 그러니 낮이든 밤이든 어느 정도 시간을 내어, 내적 의식으로, '신의 성전'인 우리의 내적 의식으로 물러나,

신의 것들에 생각을 집중하며 머무는 것이 자연스러운 일이 아닐까요? 무엇보다도, 우리는 우리의 의식인 신의 거룩한 성전에서 그분의 임재를 더 잘 알아차릴 수 있도록 받아들이는 감각을 개발하지 않으면 안 됩니다.

거룩하고 거룩한 곳, 우리 자신의 의식인, 지고한 자의 비밀스러운 그곳에서, 우리는 깨달음을, 인도를, 지혜를, 영적 파워를 받게 됩니다. "고요하고 확신하는 가운데, 너희가 힘을 얻게 되리라"(사 30:15).

'은밀하게 속삭이는 작은 소리'를 듣는 법을 배울 때, 성령은 우리의 의식을 통하여 영적인 선함을 그때그때 알아차릴 수 있도록 자신을 열어줍니다. 우리는 성령의 신성한 에너지로 가득차게 됩니다. 우리는 영혼의 빛으로 활짝 밝아집니다. 우리는 생명수로 활력을 되찾고, 썩지 않는 양식을 섭취합니다. 이러한 영의 양식은 자신들의 성전 안에서 하나님을 만나려고 하는 자들에게는 결코 배분되지 않습니다.

신의 은총을 받으려면, 우리는 감각의 세계에서 물러나야 합니다. 물질적인 감각을 침묵시키고, 신성한 마음으로 들을 귀를 가지도록 애써야 합니다. 신은 우리에게 살아있는 현실, 신성한 임재, 내면의 거룩한 '영'이 되어야 하고, 이는 우리가 명상을 하고, 기도를 하고, 신을 묵상할 때에만 가능해집니다.

명상을 통해, 우리는 그리스도의 현존을 인식하게 되고, 이러한 인식은 우리가 인간으로서의 경험을 하는 동안에도 낮이나 밤이나 우리와 함께 남아 있을 수 있습니다. 그리스도와 함께한다는 인식은 우리의 모든 경험 속에 스며들어, 우리가 애쓰는 모든 일에 번영을 가져다줍니다. 그리스도의 임재 의식은 우리의 발걸음에 빛을 비추어 주고, 우리의 열망에 별이 되어 우리를 이끌어줍니다. 구부러진 곳을 바르게 세우기 위해 신께서 우리보다 앞서 나아가는 것입니다. 우리로 하여금 다른 사람들을 이해하게 하고 감사하게 해주는 것은, 우리의 의식 안에 있는 이런 자질입니다.

아침에 깨어났을 때, 그리고 보다 바람직하게는 잠자리에서 일어나기 전에, 다음과 같은 깨달음에 생각을 젖어들게 하십시오. "나와 나의 아버지는 하나이니 … 아들아 … 내가 가진 모든 것은 너의 것이다. …네가 서 있는 곳은 거룩한 땅이다." 그러면 이 문장들의 의미가 당신 자신의 내면에서부터 펼쳐질 수 있습니다. 당신은 아버지와 하나이고, 우주 '생명'과 하나이며, 우주

'의식'과 하나입니다. 그것을 확신하십시오. 당신 안에서 무한한 선을 느끼십시오. 그것은 당신이 당신이라는 존재의 무한한 '근원'과 하나라는 증거입니다.

내면에서 감동의 떨림이, 평화의 감각이, 신성한 생명이 맥동쳐 오는 것이 느껴지면, 자리에서 일어나 하루를 위한 준비를 시작하십시오. 집을 떠나기 전에, 자리에 앉아 "신과 당신의 하나임"에 대해 묵상하십시오.

파도는 바다와 하나입니다. 분리될 수 없고 나눌 수 없습니다. 바다가 있는 모든 곳에 파도가 있습니다. 바다의 모든 힘, 모든 에너지, 모든 생명, 모든 물질이 모든 파도 안에 표현됩니다. 파도는 자신의 밑에 있는 모든 것에 접속할 수 있습니다. 파도는 바다이기 때문입니다. 바다는 파도와 나눌 수 없고, 분리될 수 없기 때문입니다. 한 파도가 끝나고 다음 파도가 시작되는 지점은 따로 없습니다. 그러니 파도의 바다와 하나됨은, 모든 파도가 다른 모든 파도와의 하나됨을 포함합니다. 이것이 중요합니다.

파도가 바다와 하나이듯이, 당신은 신과 하나입니다. 우주적 '생명'과 당신의 하나됨은, 당신이 그 '생명'의 모든 개인적 표현과 하나라는 뜻이기도 합니다. 당신이 신 의식과 하나라는 것은,

'의식'의 모든 이데아와 당신이 하나라는 뜻이기도 합니다. 신의 무한성이 당신을 통해 당신과 접촉하는 모든 사람을 축복하기 위해 쏟아질 때, 신의 무한성은 지구상의 다른 모든 개인을 통해 당신에게 파도쳐 온다는 것을 기억하십시오. 자기 자신이 가진 것을 어느 것이나 다 당신과 공유할 사람은 아무도 없습니다. 하지만 그가 가진 모든 것은 아버지의 것이고, 당신은 그것을 세상 모든 사람들과 공유합니다. 당신은 아버지와 하나이고, 우주 의식과 하나이며, 이 '의식'이 인식하는 모든 영적인 아이디어와 하나입니다.

당신이 이해할 수 있다면, 이것은 엄청난 아이디어가 아닐 수 없습니다. 그것은 당신의 이익이 곧 세상 모든 개인의 이익이라는 것을 의미합니다. 그것은 다른 사람들과 분리된 이익이라는 것이 있을 수 없다는 뜻이기도 합니다. 신과 분리된 이익이라는 것이 따로 있을 수 없듯이. 그것은 실제로 아버지가 가진 모든 것이 우리의 것이고, 우리가 가진 모든 것이 다른 모든 이들의 이익을 위한 것이라는 뜻입니다. 마찬가지로, 그들이 가진 모든 것이 우리의 이익이고, 모든 것이 하나님의 영광을 위한 것입니다.

이러한 사고방식이 당신 안에서 원래의 뜻이 훼손되지 않게 펼쳐져야 합니다. 조금씩 조금씩, 날이면 날마다, 다른 방식으로 펼쳐져야 하고, '의식'의 무한성 덕분에 언제나 그 의미가 더욱 더 크게 다가올 것입니다. 나무에 아무리 가지가 많아도 가지들은 모두 나무의 줄기와 하나이고, 나무의 뿌리와 하나이며, 나무의 뿌리는 땅과 하나이고, 그러니 땅이 가진 모든 것을 나무는 자기에게로 끌어당깁니다. 더 나아가 나뭇가지 하나하나는 전체 나무와 하나일 뿐만 아니라, 다른 모든 나뭇가지와 하나이기도 합니다. 하나로서 서로 다른 부분들과 연결되어 있기 때문입니다.

당신이 신과 하나이고, 모든 개인적인 영적 아이디어와 하나라는 것을 숙고할 때, 당신에게는 새로운 아이디어들이, 새로운 그림(일러스트레이션)들이, 독창적인 그림들과 상징들이 펼쳐질 것입니다. 아침 명상을 마칠 무렵, 당신은 내면에서 신의 현존을 실제로 느낄 것입니다. 영의 신성한 에너지를 실제로 느낄 것이고, 당신 안에서 새로운 생명의 파도를 느낄 것입니다. 그리하여 다른 창조적인 생각들이 연이어 솟아날 것입니다.

비즈니스를 위해 집을 떠날 때든, 교회에 가기 위해 직장을 떠날 때든, 당신의 집으로 돌아갈 때든, 한 장소에서 다른 곳으로 떠날 때마다, 잠시 멈추고 당신이 가는 길을 예비하기 위해 신께서 앞서 가신다는 것을 상상하고 깨달으십시오. 동시에 신의 현존이 당신 뒤에 남아서 그곳을 지나가는 모든 이들에게 덕을 끼친다는 것을 상상해 보십시오. 자주 자주 하도록 하십시오. 처음에는 잊어먹기도 하겠지만, 자꾸 기억을 되살려가면서 자신을 길들여 가면, 당신의 의식 활동으로서 확립될 것입니다. 그리하여, 당신의 앞과 뒤에 신께서 현존하신다는 것을 깨닫지 않고서는 움직일 수가 없게 되는 날이 올 것입니다. 이런 식으로 당신은 세상의 빛으로서 존재하게 됩니다.

지난 몇 년 동안 우리에게 친근하게 다가왔던 주제 중 하나는 평화에 관한 것입니다. 하지만, 인간이 만든 문서나 기구가 표명할 수 있는 것에 근거하여 평화가 항구적으로 지속될 수 있을 것이라고 믿는 사람은 거의 없습니다. 산상수훈이라는 더 높은 비전으로 대체되기 전까지는 십계명이 필요한 단계였던 것과 마찬가지로, 평화조약 같은 것도 나름 목적이 있어서 우리에게 필요한 단계인 것이 사실입니다. 우리는 이제 십계명을 필요로 하지 않습니다. 왜냐하면 우리에게는 훔치거나 속임수를 쓰거나 거짓말을 하지 말라는 권고도, 정직하고 깨끗하며 순수하지 않으면 처벌을 받는다는 위협 같은 것도, 더 이상 필요하지 않기 때문입니다. 그러나

'의를 위한 의'를 아직 배우지 못한 사람들에게는 십계명이 필요하겠지요.

　같은 방식으로, 세상에서 어느 정도 평화를 유지하려면 인간의 문서나 기구 같은 것이 많이 필요할 수 있습니다. 그러나 진정한 평화, 영속적인 평화는 다른 사람이 가진 것을 내가 굳이 가져야 할 필요가 없으며, 따라서 어떤 것을 놓고 싸울 필요는 없다는 각자의 깨우침을 통해서만 가능해지게 됩니다. 아버지가 가진 모든 것은 우리의 것입니다. 그 밖에 더 무엇을 원한단 말입니까? 사실상, 우리는 하나님 안에서 그리스도와 함께 공동 상속자로서, 어느 날 어느 때 어디로 가야 할지 생각하지 않고도, 5천 명을 먹일 수 있습니다.

　모든 인류가 진정한 정체성의 의식에 들어설 때, 전쟁도 없고, 경쟁도 없고, 투쟁도 없을 것입니다. 우리가 우리의 진정한 정체성에 대한 완전한 의식을 얻게 됨에 따라 우리는 더 큰 조화, 건강, 성공을 보여주게 되고, 같은 길을 추구하는 다른 사람들을 한 사람씩 한 사람씩 끌어당기게 됩니다. 이런 식으로 모든 사람은 궁극적으로 하늘나라에 이르게 될 것입니다.

기도

사도 야고보는 말합니다. "여러분이 구하여도 받을 수 없었다면, 그것은 잘못 구했기 때문입니다"(약 4:3). 한동안 기도를 계속했는데도 그 기도에 아무런 응답을 받지 못한 적이 있는지요? 그것은 "당신이 잘못 구했기 때문입니다."

채워지지 않은 필요나 충족되지 않은 바람이 있다는 믿음에 근거하여 드리는 기도는, 참된 과학적 기도에 부응하지 않습니다. 신께서 무엇인가를 행하여 달라는 기도, 무엇인가를 공급해 달라는 기도, 누군가를 치유해 달라는 기도는, 마찬가지로 파워가 없습니다.

하나님께서는 기도를 성취할 수 있는 채널(통로)이 필요하다고 믿어지기도 하고, 이것은 우리로 하여금 응답을 위해 우리 자신의 바깥을 보게 합니다. 우리는 우리에게 공급이 올 수 있다고 믿습니다. 그래서 우리에게 공급해 줄 어떤 사람이나 자리를 지켜봅니다. 치유가 행해질 수 있도록 치유사나 교사에게 의존하기도 합니다. 모두가 다 "잘못 구하고 있는" 것입니다.

우리가 구하는 것이 우리의 내면, 곧 우리 자신의 의식 안이 아닌 다른 곳에 있다는 믿음은, 우리의 조화로부터 우리를 분리시키는 믿음의 장벽입니다.

참된 기도는 우리들 바깥의 어떤 존재를 향하지 않습니다. 우리 자신의 존재 바깥의 어떤 것을 기대하는 기도도 참된 기도가 아닙니다. "하나님의 나라는 당신 안에 있습니다." 선한 모든 것은 내면에서 찾아져야 합니다. 신을 우리들 존재의 실재로서 인지하게 되면, 모든 선이 바로 그 존재 안에, 당신과 나의 존재 안에, 태어날 때부터 내재되어 있다는 것을 알게 됩니다. 하나님은 우리들 존재의 실체입니다. 그러므로, 우리는 영원하고 조화롭습니다. 하나님은 생명이시며, 이 '생명'은 자급자족합니다. 그는 우리의 '영혼'이며, 우리는 순수하고 불멸합니다. 하나님은 개인의 의식이며, 이것은 우리 존재의 지성을 구성합니다.

바르게 말하자면, 신이 있고 당신이 있는 것이 아닙니다. 신이 당신으로서 현현한 것입니다. 이것이 바로 당신에게 무한한 선을 보장해 주는 '일원성'입니다. 신은 개인적인 존재의 생명이요, 마음이요, 몸이요, 본질입니다. 그러므로, 어떤 개인에게 그 무엇도 더해질 수 없으며, 참된 기도는 이러한 진실을 계속적으로 인지하는 일입니다.

우리의 참된 존재, 우리의 유일한 존재의 무한한 본성과 성질에 대한 의식적인 알아차림, 이것이 기도입니다. 기도 안에서 구하고, 요청하고, 기다리는 대신, 이 의식을 통해 우리의 생각이 내면으로 향하고, "고요한 작은 소리"가 들릴 수 있습니다. 우리가 요청하기 전에도 아버지께서는 다 아시고 그 필요를 충족시켜 주실 것이라는 미세한 소리가 들릴 것입니다. 여기에 위대한 기도의 비밀이 있습니다. 신은 '모든 것 안의 모든 것'(all-in-all)이고, 영원히 화현(化現)하십니다. 화현되지 않은 선이나 신은 없습니다. 우리가 구하는 것으로 여기는 것은 이미 우리 안에 있고, 항상 있습니다. 우리는 이 진실을 알아야 합니다. 모든 선은 이미 있고, 영원히 물질화되어 나타납니다. "이러한 진실을 알아차리는 것, 그것이 바로 '응답받은 기도'입니다."

우리의 건강, 부, 직업, 가정, 조화는 멀리 떨어져 계시는 신에게 달려 있지 않습니다. 채널이나 사람이나 장소에 달려 있지도 않습니다. 아주 가까이에, 없는 곳 없이, 우리 자신의 의식 안에 영원히 존재합니다. 이러한 사실의 인지가 바로 '응답된

기도'입니다. "나와 나의 아버지는 하나입니다." 그리고 이것이
바로 개인적인 존재의 완전성을 설명해 줍니다.

바르게 말하자면, 하나님이 있고 당신이 있는 것이 아닙니다.
이 진실을 이해하지 않으면 바르게 기도하는 것은 불가능합니다.
자기 자신과 신의 진정한 관계를 알지 못하면, 기도는 맹목적인
믿음이나 신앙이 되어버립니다. '응답된 기도'를 가져오는 것은
우리들 '존재'의 하나됨, '생명', '진실', '사랑'의 하나됨에 대한
우리의 의식적인 깨어 있음입니다. 참된 기도를 구성하는 것은,
신적 존재(God-being)의 화현으로서 우리의 생명, 우리의 마음,
우리의 활동을 계속적으로 인지하는 것입니다. 우리가 이 신적
존재를 우리들 개인의 유일한 실재라고 알아차릴 때, 우리는
우리 자신을 신의 성취로서, 모든 것을 두루 포함하고 불멸이며
신성한 존재의 완전함과 온전성으로서, 이해할 수 있게 됩니다.
우리들 개인의 존재의 신성함을 인지하는 것, 신의 온전성을
두루 포함하고 껴안는 일이, 언제나 응답받는 참된 기도입니다.
우리가 항상 선과 분리되어 있다거나 떨어져 있다는 믿음은 바르
게 고쳐져야 합니다. 그래야 참된 기도의 본질로 들어갈 수 있습니
다. **내가 바로 내가 찾고 있는 그것입니다.** 나로부터 분리되어

있다고 믿는 온갖 좋은 것이, 사실은 내 존재를 구성하는 나의 일부입니다. 나는 내 의식 안에서, 내 존재의 건강과 부와 조화의 무한성을 형성하는 신의 실재를 포함하고, 구체화하고, 포용합니다. 이 진실에 의식적으로 깨어 있음이 기도입니다.

완전한 개인으로서 표현된 신의 온전성에도 불구하고, 인간의 경험에는 기도에 대한 바른 이해가 요청되는 사람들이 끊임없이 생겨나고 있습니다. 오류, 죄, 질병의 본질은 무엇입니까? 신은 두루 갖춘 모든 것 안의 모든 것(all-in-all)인데, 어떻게 그런 일이 있을 수 있을까요? 그런 일은 있을 수 없고, 있지도 않습니다. 고통과 부조화와 슬픔의 겉모양에도 불구하고 말입니다.

성서는 우리에게 존재의 바탕이 되는 진실을 드러내어 보여줍니다. "하나님께서 자신이 창조하신 모든 것을 보시니, 좋았더라." 하나님께서 만드신 이 모든 좋은 것에는 "더럽혀지거나 거짓말을 하는" 것이 없으며, 창조의 다른 원칙이나 섭리도 없습니다. 그렇다면 오류, 죄, 질병, 고통, 부조화로 나타나는 것은 환상이요, 신기루요, 아무것도 아닌 것이 너무나 분명합니다.

그러니 기도를 할 때는, 창조된 모든 (진화되어 가는) 것을 하나님께서 만드셨으며, 이 하나님의 우주에는 오직 하나님의 모든 존재(All-Presence)와 모든 권세(All-Power)와 신적인 사랑 (divine Love)만이 있고, 우리에게 뭔가 잘못된 것으로 나타나는 것들은 실재에 대한 거짓된 감각이라는 것을 기억해야 합니다.

필멸의 조건들과 신념들로부터 누구나 자유로울 수 있는 의식 상태가 될 수 있습니다. 그것을 경험을 통해 깨달을 때가 오게 됩니다. 그때 우리는 더 이상 정신적인 확언이나 부인의 삶을 살지 않고, '의식'으로부터 진실이 항구적으로 펼쳐진다는 것을 수용하게 됩니다. 이것은 우리 자신의 생각을 통해서 올 수도 있지만, 책이나 강연, 신성한 의식(예배)을 통해서 올 수도 있습니다. 겉보기에 어떤 통로로 오든, 그것은 개인의식으로 '자기 자신'을 드러내는 신성한 '의식'입니다.

우리가 우주적 마음이나 신의 마음(God-mind)과 하나라는 것을 더욱더 의식적으로 알아가게 됨에 따라, 원하고 필요한 것이 무엇이든, 바른 생각과 소원의 성취로서 따라붙게 되어 있습니다. 그때, '의식'과 우리의 하나됨은 신과 그분이 화현하신 존재 사이의 영원한 관계를 통하여 '태초에' 확립되었으며, 그러니 그 관계를 형성하거나 유지하기 위해 따로 애쓸 필요가 없다는 것이 명백해집니다. 이러한 진실에 대한 인식이 신성한 의식과의 연결 고리입니다.

많은 사람들에게, 기도는 소위 하늘나라에 계시는 신께 간구하고 탄원하는 일을 의미합니다. 이런 기도가 대개 목적을 달성하지 못한다는 것은, 이런 식의 기도는 참다운 기도가 아니며 신께서 그곳에서 기도를 듣고 계시지 않다는 반증입니다. 사람들은 결국 그런 기도에 대해서는 응답이 없다는 것을 깨닫고, 참된 신과 기도의 바른 의미를 찾게 되었습니다. 이것은 그리스도 예수와 많은 초기 계시자들에 의해 이해되고 실천된 진리의 계시로 이어졌습니다.

여기에서 우리는 "하나님 나라는 당신 안에 있다"는 것을 배우게 되고, 따라서 기도는 내면으로 향하여 우주적 '생명', '하나님'이 당신이나 나로서 개별화되는 의식의 지점에 가 닿아야 한다는 것을 터득하게 됩니다. 우리는 하나님이 태초에 세상을 창조하셨으며(진화하도록), "그것이 좋았다"는 것을 배우게 됩니다. 모두 좋은(선한) 것으로 창조되었기 때문에, 우주는 필연적으로 완전하고, 조화롭고, 완벽해야 합니다. 그래야 우리의 기도는 선을 간청하는 대신, 선의 편재성에 대한 실현이 되고, 따라서 더 높은 차원의 기도는 선한 것들에 대한 확신을 드러내는 일이 되어야 하고, 잘못된 것들은 실재가 아님을 드러내 주어야 합니다.

확언의 기도가 공식적인 기도문을 사용하는 것으로 귀결되면, 구식 신앙의 기도로 되돌아가게 되어 그 힘을 잃게 되곤 합니다. 그러나 하나님의 무한함과 그분의 물질화의 조화와 완전성에 대해 진지하고 자발적으로 확인하는 기도는, 그 사람을 최상의 기도에 가까워지게 합니다. 최상의 기도는 하나님과 하나 되는 친교입니다.

진리 안에서 깨닫기 이전에, 우리는 사물과 사람을 위해 기도합니다. 다시 말해, 기도를 통해 개인적인 목표를 달성하려고 합니다. 에머슨은 위대한 비전을 가지고 다음과 같이 썼습니다. "특별한 어떤 것을 갈망하는 기도는 사악합니다. 모두가 좋은 것보다 못한 어떤 것을 위한 기도는 바람직하지 않습니다."

그는 또, 기도를 이렇게 정의합니다. "기도는 높은 경지의 삶이 실현되고 있다는 것에 대한 숙고이다. 그것은 지켜보고 기뻐하는 영혼의 혼잣말이다. 자신이 창조한 것을 보고 좋다고 선포하시는 하나님의 영이다. …하나님과 하나임을 깨달은 사람은, 하나님께 절대 구걸하지 않을 것이다."

기도란 무엇인가를 얻기 위해서 하나님께로 가는 것이 아닙니다. 그렇게 이해되어서는 안 됩니다. 왜냐하면 에머슨이 말하듯이, "개인의 목적을 달성하려는 수단으로서의 기도는 천하고, 절도와도 같은 짓"이기 때문입니다.

이제 우리는 어떤 기도가 참된 기도가 아닌지를 알게 되었습니다. 기도란 우리의 '참자아'와의 하나됨, 개인의 '영혼'과, 우주의 '영혼'이신 하나님과의 합일임을 조금이나마 깨닫게 되었습니다. 사실, 개인의 '영혼'과 우주의 '영혼'은 둘이 아니라 하나이며, 이 진실을 깨달아 아는 사람은 하나됨을 의식하는 참된 기도를 드립니다.

예수께서는 "나의 왕국은 이 세상에 속해 있지 않다"라고 말씀하셨습니다. 우리는 기도할 때마다 이 말씀을 기억해야 합니다. 이 세상에 대한 어떤 바람이나 요구를 갖고 하나님께 나아가려는 것은 아무런 열매도 거두지 못할 것입니다. '영'의 성소에 들어갈 때, 우리는 세상적인 모든 소망과 필요, 결핍을 내려놓아야 합니다. 우리는 '이 세상'을 내려놓고, 오직 하나의 생각—하나님과의 친교, 하나됨, 연합—만을 가지고 하나님께 나아가야 합니다. 우리는 무언가를 얻기 위해서, 어떤 것을 변화시키거나 바로잡기 위해서 기도해서는 안 됩니다.

신과 의식적으로 하나 되는 기도는 항상 조화, 평화, 기쁨, 성공을 가져옵니다. 이것들은 '더해진 것들'입니다. 영이 물질이나 물리적 우주를 생산하거나 치유하거나 바로잡는 것이 아니라, 우리의 의식이 더 높아져서 문제가 더 적고, 따라서 부조화, 불화, 질병, 결핍이 더 적은 곳으로 나아가는 것입니다.

신과의 친교가 참된 기도입니다. 참된 기도는 그분의 현존과 그분의 능력이 개인의식 안에서 펼쳐지는 일이며, 그것은 당신을 온통 '성령이 임하시는 곳'으로 만듭니다. 신과의 친교는 실제로 '세미한 소리'를 듣는 일입니다. 이러한 친교나 기도 안에서는 신을 향해 어떠한 말도 할 필요가 없습니다. 신이 현존해 계시다는 의식은 참된 실상의 공유와, 내면의 신으로부터 당신에게 오는 사랑으로서 실현됩니다. 그것이 존재의 성스러운 상태이며, 그것은 우리를 발견한 그 지점에서 우리를 결코 떠나는 법이 없습니다.

치유

치유는 항상 신, 사람, 이데아, 몸에 대해서 우리가 얼마나 이해하고 있는지에 비례하여 이루어집니다. 치유는 환자로 불리는 '저기 외부에 있는' 사람과는 아무 관련이 없습니다. 누군가가 영적 도움이나 치유를 요구할 때, 치유자는 어디까지나 그를 돕는 보조자일 뿐, 치유가 일어나기 위해서는 당사자 스스로가 자기 역할을 다해야 합니다. '인피니트 웨이'를 공부한 진정한 치유자는, 소위 환자나 환자의 요구, 질병의 원인과 본질, 그의 죄나 두려움 같은 것에 대해서는 전혀 관심을 갖지 않습니다. 오직 존재의 진실에만, 다시 말해 신, 인간, 이데아, 몸의 진실에만 관심을 갖습니다. 우리의 의식 안에서 이루어지는 진실의 활동이 곧 신이요, 그것이 치유로 이어지게 됩니다.

치유에 실패하는 것은 대부분 신, 인간, 이데아, 몸에 대한 진실을 잘못 이해한 데서 옵니다. 이런 잘못된 앎은 주로 주류를 이루는 종교적 믿음에서 비롯되고, 이런 믿음들은 우리의 생각으로부터 뿌리를 내리지 못한 것들입니다. 그들은 자신들이 정통이라고 주장하지만, 사실은 미신적이고, 자신들이 얼마나 눈멀었는지를 아는 이들은 너무나 적습니다.

"신은 무엇입니까?"라는 질문에는 오직 하나의 대답이 있을 뿐인데, 그것은 "아이 엠"(I AM)이라는 것입니다. 신은 개인의 마음과 생명입니다. 이 주제에 대해 정신적으로 안전지대를 만들어놓고 울타리를 치려고 하는 모든 시도는 결국 실패하고 말 것입니다. 오직 하나의 우주적 '나'가 있을 뿐입니다. 예수께서 "나를 보는 자는 나를 보내신 분을 보는 것이다."라고 하셨을 때, 그는 이 우주적 진실, 혹은 섭리를 드러내어 보여준 것입니다. 여기에는 아무것도 애매한 점이 없습니다. 당신이 이 진실을 이해하든 이해하지 못하든, 설령 이해하지 못하더라도, 치유가 실패하게 되는 또 다른 이유를 찾을 필요는 없습니다. 예수 그리스도는 분명히 "나는 길이요, 진리요, 생명"이라고 계시하셨습니다. 당신이 이것을 섭리로서, 나아가 당신에 관한 진실로서, 모든 개인들에 관한 진실로서 받아들일 수 없는 한, 당신은 바탕으로 설 수 있는 토대가 아무것도 없는 셈입니다. 진실은, 하나님이 곧 개인의 마음과 생명이라는 것입니다. 하나님은 오직 '나'뿐입니다

다음으로는, "인간이란 무엇인가?"라는 질문입니다. 대답은 사람은 이데아, 몸, 화현(化現, 물질화된 나타남)이라는 것입니다. 내 몸은 이데아, 또는 표현입니다. 마찬가지로 나의 비즈니스, 가정, 부는 이데아, 화현, 혹은 표현으로서 존재합니다. 이런 이유로, 내 몸은 내 의식과 똑같은 이미지이자 그 닮은꼴이며, 내 존재 의식의 자질, 성격, 본질을 반영하거나 표현합니다.

지금까지, 우리는 내가 신이고, 신은 개인의 마음과 생명이며, 몸은 신의 이데아로서 존재한다는 것을 이해하게 되었습니다. 신, 즉 나(I AM)는 우주적이고, 무한하며, 전지전능하고, 없는 곳이 없이 편재합니다. 그러므로 이데아의 몸 역시 파괴될 수 없고, 멸망하지 않으며, 영원합니다. 그것은 태어난 적이 없으며, 죽지도 않습니다. 나는 내 몸에 대한 의식적인 앎 없이는 존재하지 않을 것입니다. 그러므로, 나는 내 몸 없이는 존재하지 않을 것입니다.

우리의 눈으로 세상을 바라볼 때, 우리는 우리의 몸들을 보고 있는 것이 아닙니다. 우리는 이 무한한 신적 이데아의 몸을 보고 있는 것이 아닙니다. 우리는 그 이데아의 우주적 개념을 보고 있는 것입니다. 우리의 오감의 작용과 그 해석을 보고 있는 것입니다. 건강한 몸이나 아름다운 꽃, 혹은 나무를 볼 때, 우리는 이데아의 몸, 곧 꽃이나 나무 등에 대한 멋진 개념들을 보고 있는 것입니다. 우리가 나이 들고 늙은 몸, 시든 꽃, 썩어가는 나무를 볼 때, 우리는 신적 이데아의 잘못된 개념을 보고 있는 것입니다. 우리가 이데아, 몸, 또는 화현에 대한 우리의 개념들을 개선할 때, 우리는 이러한 개념들의 개선을 치유라고 부릅니다. 실제로, 소위 환자 또는 그의 몸에는 아무런 변화가 일어나지 않습니다. 변화는 그 개인의 의식에 오고, 개선된 신념, 즉 치유로 가시화됩니다. 이런 이유로, 치유자만이 치유에 대한 책임을 받아들여야 하며, 치유되지 않은 것에 대한 책임을 도움을 요청한 사람에게 전가시키려고 하지 말아야 합니다. 그 개인은 '아이엠'(I AM)이고, '생명'(Life)이며, '진실'(Truth)이고, '사랑'(Love)입니다. 그의 몸은 완전하고 영적이고 영원하고 조화로운 이데아로서 존재하고, 섭리의 법칙, 영혼의 법칙, 영의 법칙만을 따릅니다. 이러한 진리를 아는 것은 우리의 목적이자 의무이며 책임입니다. 이 진리가 우리에게로 오는 모든 사람을 자유롭게 해줄 것입니다.

개인의 무한한 영적 의식으로서, 나는 우주를 구현하고, 이데아의 몸을, 가정을, 활동을, 소득을, 건강을, 부를, 교제를 구현하고 포함하며, 이들은 영적인 법과 생명을 따를 뿐입니다. 몸은 자기 스스로 활동하는 것이 아닙니다. 그것은 영적 파워에 의해 조화롭게 통치됩니다. 몸이 불일치, 비활동, 과잉 행동, 변화 또는 고통을 겪는 것처럼 보일 때, 몸은 스스로 행동하고 있다고 믿습니다. 몸은 자기 스스로 움직이거나 움직이지 않게 할 힘이 있다고, 아프게 하고, 고통스럽게 하고, 병들게 하고, 죽게 할 힘이 있다고 믿습니다. 이것은 사실이 아닙니다. 몸은 자기 스스로 행동하는 것이 아닙니다. 자기 스스로는 지성도 없고, 활동력도 없습니다. 모든 행동은 마음의 행동(mind-action)입니다. 그러니 전능하고 선한 행동입니다. 우리가 이 진리를 알 때, 몸은 이러한 진리에 대한 앎이나 이해에 반응합니다. 그때는 몸에 어떠한 변화도 일어나지 않습니다. 잘못된 것이 거기에 없기 때문입니다. 이미 존재하고, 존재해 왔고, 존재할 진실에 대한 개념이 변화되고 있을 뿐입니다. '바깥의 저기에' 환자가 있는 것이 아님을 기억하십시오. 치유되어야 할, 개선되어야 할, 바르게 고쳐져야 할 환자가 바깥의 저기에 있는 것이 아닙니다. 개인의 생각 속에서 고쳐져야 할 것은 거짓 개념이나 믿음입니다. 항상 그렇습니다.

몸이 스스로 행동하는 것이 아니고, 마음의 자극에 반응하는 것일 뿐임을 이해하기 시작할 때, 우리는 소위 조화롭지 못한 신체 조건을 무시하고, '생명'은 신적 이데아의 몸으로서 영원히 조화롭고 완벽하게 표현되고 있다는 진실 안에서 살 수 있습니다.

내가 무한한 영적 개인의식으로서 올바른 생각을 구현하고 그것을 조화롭게 다스리고 있다는 이해는, 평화와 기쁨과 주권을 가져다줍니다. 이 진실이 모든 개인에게 해당된다는 이해는 증오, 적대감, 경쟁심의 환상을 없애줍니다. 이러한 당신의 마음 상태는, 당신이 그 일에 종사하고 있든 그렇지 않든, 당신을 프랙티셔너, 치유자, 교사로 만들어 줍니다.

우리는 이제, 그동안 우리가 믿어 왔던 정통주의가 사실은 미신에 불과하다는 것을 깨닫고 그것을 떠나게 됩니다. 예수께서는 죄, 질병, 온갖 억압의 상태로부터 세상을 구하기 위해 하나님에 의해 세상에 보내졌습니까? 그렇지 않습니다. 하나님, 무한한 '섭리', '생명', '진실', '사랑'은 어떤 잘못도, 악도, 죄도, 죄인도 알지 못합니다. 예수께서는 이 진실을 선명히 이해하셨기 때문에, 그것이 그분을 구세주로, 치유자로, 교사로 만들었던 것입니다. 그 일은 장차 당신에게도 일어날 것입니다. 개인의식 안에 있는

'진실'의 활동, 그것만이 그리스도입니다. 그리스도라는 개인은 없습니다. 개인의식 안에서 이루어지는 '진실'의 활동만이 그리스도를, '아브라함이 있기 전에도' 계시는 그리스도를 구성합니다. 당신의 의식 안에서 활동하는 '진실'이 당신의 그리스도입니다. 붓다의 의식 안에서 활동하는 '진실'이 죄, 질병, 죽음은 환상이고 신기루 같은 것이라고 그 본성을 드러내 줍니다. 예수 그리스도의 의식에서 활동하는 '진실'은 물질이 곧 공(空)임을 드러냈습니다. 그것이 치유의식을 펼쳐내자 죄와 질병은 그 앞에서 사라져버렸고, 죽음이 극복되었습니다. 몸이나 일, 건강이나 교회 등에 대한 모든 잘못된 개념은 이런 것들에 대한 바른 생각이 개인의식과 집단의식 안에 나타남에 따라 사라지게 될 것입니다.

예수께서 아무런 죄없이 태어나셨다거나 영적으로 태어나셨다는 것은 어떤 뜻일까요? 무원죄 잉태나 영적인 태어남은, '진실'이나 '그리스도-이데아'의 활동에 의해 개인의식에 동이 터 오게 됩니다. 그것은 예수 안에서 "나는 길이요 진리요 생명이요 …나는 부활이요 생명이요 …나를 보는 자는 나를 보내신 자를 보는 것이다."라는 계시로 나타났습니다. 나의 의식 안에서, 나의 그리스도 안에서 활동하는 '진실'은 내가 개인이자 무한한 영적 의식으로서 (나의 몸을 포함한) 나의 우주를 구현하고 있고, 나의 건강, 나의 부, 나의 실천, 나의 수입, 나의 가정, 나의 동료, 나의 영원성, 나의 불멸성을 구현합니다.

당신의 의식 안에서 활동하는 '진실', 그것이 당신의 첫째이자 마지막 관심사가 되어야 합니다. 유일한 관심사가 되어야 합니다. 그리하면 당신의 그리스도도 또한, 자기 자신을 개인의 무한한 길을 통하여 계시하실 것입니다.

악은 존재하지 않습니다. 그러므로, 특정한 불화나 인간 존재의 부조화에 대한 저항을 당장 그만두는 것이 좋습니다. 우리가 저항을 멈추면, 명백해 보이는 불화도 사라지게 됩니다. 이런 일은 우주의 영적 본질에 대한 우리의 깨달음에 비례하여 일어납니다. 이것이 진실이기 때문에, 하늘도 땅도 그 본성에는 어떠한 잘못도 포함하고 있지 않습니다. 그러나, 깨닫지 못하여 미혹된 인간은 신이 빛을 비추는 곳에서 잘못을, 조화가 있는 곳에서 불화를, 사랑이 넘치는 곳에서 증오를, 확신이 당연한 곳에서 두려움을 봅니다.

우리가 하고자 하는 일은, 우리 자신이 '영적 의식'임을 깨닫는 것입니다. 무한한 영적 의식이 우리 안에서 모든 선을 구현하고 있다는 것을 깨닫는 것입니다. 이것이 우리가 부르고자 하는 노래이고, 하고자 하는 설교이며, 가르치고자 하는 교훈입니다. 깨달음이 올 때까지, 이것이 우리의 주제요 동기가 될 것입니다. 그것은 모든 메시지를 관통하는 진실의 은줄입니다.

그 무엇도 당신에게 올 수 없습니다. 그 무엇도 당신에게 더해질 수 없습니다. 당신은 이미 무한성이 퍼부어지는 의식 안에 있습니다. 우리가 당신의 인간성이라고 부르는 것은, 당신의 무한한 개별 자아가 스스로를 선명하게 나타내고, 표현하고, 드러낼 수 있도록 잠잠하고 고요해야 합니다.

나이아가라 폭포를 보십시오. 그렇게도 많은 물이 계속 쏟아져 내리고 있는데도 마르는 일이 없습니다. 너무도 이상하지 않습니까? 하지만 지축을 울리는 굉음으로 쏟아져 내리는 물의 뒤쪽을 보면, 거기에 이리 호(Lake Erie)가 있는 것을 알 수 있습니다. 이리 호의 그 지점이 나이아가라 폭포라고 이름 지어져서 그렇게 불릴 뿐, 사실 나이아가라 폭포는 없다고 할 수 있습니다. 나이아가라 폭포의 무한성은, 나이아가라를 구성하는 나이아가라의 수원인 이리 호 덕분에 보장됩니다.

우리 또한 마찬가지입니다. 우리는 '신이 눈에 보이게 되는 장소'입니다. 우리는 육신이 된 '말씀'입니다. 우리의 '근원', 그리고 우리를 구성하는 것은 무한한 신적 존재, 곧 하나님입니다. 우리는 신적 존재이고, 신의 나타남이며, 신의 화신입니다. 그것이 우리들 존재의 참된 영광입니다.

마르코니가 아주 어렸을 때, 그는 자신이 세상에 무선 통신의 기술을 제공하게 될 사람임을 확신하였습니다. 여러 해 동안 실험을 계속해 온 많은 과학자들이 있었음에도 그들은 성공하지 못했습니다. 마침내 마르코니가 성취하고 난 후, 어떻게 그렇게 성공을 확신할 수 있었는지를 묻는 질문에 그는 이렇게 대답했습니다. 다른 과학자들은 공기 저항을 극복할 수단을 찾는 데에 골몰하고 있었지만, 자신은 어떠한 저항도 없다는 것을 이미 알고 있었다고.

세상은 악의 힘과 싸우고 있지만, 우리는 그런 힘은 없다는 것을 발견했습니다. 의학은 치료 물질(materia medica)을 찾아내어 병을 극복하거나 치유하려고 하고, 신학은 죄를 극복하기 위해 고투하지만, 우리는 질병이나 죄에 실재성이 없다는 것을, 그래서 소위 치유라고 하는 것은 이러한 이해를 통하여 이루어진다는 것을 배워 왔습니다.

우리는 죄와 질병이라고 불리는 인간의 모습이 있다는 것을 알고 있지만, 우리는 또한, 우리들 존재의 무한한 영적 본질 때문에 그것들의 존재에는 실재성이 없다는 것도 알고 있습니다. 그것들은 악한 힘이 아닙니다. 그것들은 자신들을 지지할 원칙이나 섭리를 갖고 있지 않습니다. 그러므로, 그것들은 그것들을 현실로서 받아들이는 비실재성으로서만, 환경으로서 받아들이는 환상으로서만, 실제로 존재하는 것에 대한 오해로서만 존재합니다.

우리는 우리 외부에 힘이 있다고, 우리 외부에 선과 악의 힘이 있다고 믿음으로써 우리 자신을 묶어놓습니다. 모든 힘은 당신에게 주어져 있습니다. 그리고 이 힘은 무한한 근원에서부터 흐르기 때문에, 언제나 선합니다. 이러한 위대한 사실을 인지하는 것은 말할 수 없는 평화와 기쁨을 가져다주고, 이는 당신이 만나고 생각하는 모든 사람들에게도 전해집니다. 그로 인해 당신은 사랑받는 사람이 됩니다. 인정과 보상을 받게 됩니다. 그것은 사람들의 생각 속에 당신이라는 사람을 자리매김해 주고, 영원한 선의 토대가 되어줍니다.

문제에 직면할 때마다, 그 문제가 어떤 문제이든, 당신 자신의 의식 안에서 해결책을 찾으십시오. 여기저기 돌아다니지 말고, 이 사람 저 사람에게 해답을 구하지 말고, 당신 자신 밖에서 답을 구하지 말고, 내면으로 들어가십시오. 조용하고 고요한 마음으로 기다리노라면, 문제에 대한 해답이 저절로 펼쳐지게 될 것입니다. 내면의 왕국에서 평화를 찾으려고 시도하여 완전한 그림이 그려지지 않더라도, 다시 또다시 시도하십시오. 너무 늦는 법은 없습니다. 해결책이 너무 늦게 나타나는 법도 없습니다. 문제와 경험 속에서 이 방법으로 해결책을 찾다 보면, 당신의 마음에 드러나는 조화의 계시를 더욱더 빨리 분별하고 적용할 수 있게 될 것입니다.

건강, 평화, 번영을 우리는 너무나 오랫동안 밖에서 찾아왔습니다. 이제는 내면으로 들어가서 우리의 의식 안에는 어디에도 실패나 실망이라는 것이 존재하지 않는다는 법을 터득해야 합니다. 우리 자신의 '영혼'의 평온 속에서 무한한 섭리가 인생 여정의 매 발걸음마다 우리를 다스리고, 이끌고, 보호하고 있다는 것을 발견할 때, 우리는 지연이나 배신 같은 것을 더 이상 경험하지 않게 됩니다.

당신의 의식이 모든 힘이고, 당신의 일에 작용하는 유일한 힘이며, 당신이 걸어가는 모든 인생길에서 당신의 건강을 조절하고 유지하는 유일한 힘이고, 당신의 성공에 필요한 지성과 방향을 당신에게 드러내어 주는 유일한 힘이라는 놀라운 진실이 당신에게 펼쳐질 때, 놀라지 마십시오. 과연 놀랄 만한 일인가요? 놀라지 마십시오! 당신은 지금까지, 당신이 어딘가에 도달할 수 있게 된다면, 당신의 몸의 병을 치유하거나 치유할 수 있는 신적인 권능, 최고의 신적 존재가 있을 것이라고 믿어 왔습니다.

이제 신-의식이 개인의 의식이라는 것이 분명해졌습니다. 그것은 결코 당신을 떠나거나 버리지 않을 만능의 힘으로서, 항상 존재하며, 호흡보다 더 가까이에 있습니다. 당신은 '그것'에 기도를 하거나 청원할 필요도 없고, 어떻게든지 '그것'의 마음에 들려고 할 필요도 없습니다. 이러한 진실에 대한 완전한 깨달음으로 나아 갈 수 있도록, 당신이 인정하는 일만이 필요합니다. 이제부터, 당신은 이 활짝 밝은 의식의 존재와 힘에 대해 편안한 마음으로 변함없이 확신하게 될 것입니다. 이제 당신은, "나는 사람이 내게 무엇을 행하든 두려워하지 않을 것이다"라고 말할 수 있습니다. 당신은 이제 당신 바깥에 있는 것으로 보이는, 당신의 통제 너머에 있는 것으로 보이는 환경이나 조건들을 더 이상 두려워하지 않을 것입니다. 이제 당신은 당신이 경험할 수 있는 모든 것이 당신의 의식 내에서 일어나고 있으며, 따라서 당신의 의식이 통제하고 다스릴 수 있다는 것을 알게 되었습니다.

또한 당신 안에서 이러한 계시에 따르는 느낌의 깊이를, 거기에 즉각 수반되는 용기와 자신감에 대해서도 잊지 못하게 될 것입니다. 삶은 더 이상 문제로 가득한 사건들의 연속 드라마가 아니라, 기쁨이 펼쳐지는 시리즈가 됩니다. 실패는 힘이 우리 외부에 있다는 보편적인 믿음의 결과물로서 인지됩니다. 반면에 성공은 내면의 무한한 힘에 대한 우리의 깨달음이 낳은 자연스러운 결과물입니다.

두려움, 걱정 및 의심으로부터의 해방은 우리를 정상적으로, 건강하고 자신감 있게 기능하도록 해줍니다. 몸은 내면에서 나오는 자극에 즉시 반응합니다. 새로운 활력, 힘, 육신의 평화는 휴식 뒤에 수면이 따르는 것처럼 자연스러운 결과물입니다. 우리 자신의 의식의 영역, 우리의 '영혼'의 왕국에 대해 알기까지, 우리는 우리 자신이 가지고 있는 부가 어느 정도 크기인지 거의 알 수가 없습니다.

중요한 질문에 대한 답이나 중요한 문제의 해결책을 얻기 위해 우리가 우리들 존재의 성전으로 고요히 나아갈 때, 우리는 우리 자신의 생각이 이렇다 하고 공식화하거나 계획을 세우거나 우리의 소원이 이러저러하다고 정해 놓지 않는 것이 좋습니다. 그보다는 가능하면 생각을 멈추고 고요하게 하여 듣는 자세를 견지하여야 합니다. 해답을 제공하는 것은 개인의 생각이나 의식적인 마음도 아니고, 교육받은 생각이나 환경과 경험으로 형성된 생각도 아닙니다. 해답을 제공하는 것은 신의 생각, 우리의 '실재', 창조적 '의식'입니다. 그리고 이것은 감각과 추론이 침묵할 때 가장 잘 들립니다.

이 신성한 '의식'은 어떤 문제에 대해서도 해결책을 보여주고, 어떤 상황에서도 바른 방향이 무엇인지를 보여줄 뿐 아니라, 한계가 없습니다. 그것은 모든 개인의 의식이며, 전체의 선을 위하여 모든 사람과 상황을 배치해 줍니다.

분명히, 우리는 이 우주 '의식'이 우리를 위해 누군가의 멸망이나 상실을 위해 작용해 줄 것을 기대해서는 안 됩니다. 우리 마음의 왕국 안에서, 마음의 왕국을 통해서 이루어지고 성취되는 것은, 개별적으로나 집합적으로나, 항상 건설적입니다. 그러므로 결코 다른 사람에게 해를 입히거나 상실하거나 상해를 입히는 수단이 되어서는 안 됩니다. 우리는 생각을 다른 사람에게로 향하거나, 우리 바깥의 어느 방향으로 투사하지 않습니다. 우리의 마음이 우리에게 펼치고 있는 것은 동시에 모든 관련자들의 의식으로서도 작동하고 있습니다. 우리는 다른 어떤 사람의 마음에 '닿으려고' 마음을 쓰거나 다른 사람에게 영향을 끼치려고 할 필요가 없습니다. 우리로서 펼쳐지는 '의식'의 활동은 영향을 받을 수 있는 모든 사람, 문제나 상황에 관련된 모든 사람에게도 영향을 끼칩니다. 그것을 기억하십시오.

'의식' 안에는 해결되지 않은 문제가 없으며, 우리 개인의 의식과 동일한 이 '의식'은 우리와 관련된 모든 사람의 조화를 확립하고 유지하는 데 필요한 유일한 힘입니다. 이미 확립된 해답을 이끌어내는 것은, 우리가 내면으로 전환함으로써 가능해집니다. 우리의 경청 태도는 우리 안에 있는 신적 존재와 힘을 받아들이게 해줍니다. 고요한 묵상의 시간에는, 우리 안에 항상 존재하는 무한한 힘과 건설적인 에너지와 지적 방향이 스스로 드러나게 됩니다. 알라딘의 램프는 우리의 정신 영역 안에 있습니다. 그것을 문지르면서도 소원을 말할 필요도 없습니다. 내면으로 들어가 고요히 침묵하고 경청하는 자세를 갖추면 됩니다. 조화로운 삶과 성공적인 삶을 위해 필요한 모든 것이 풍요롭게 흐르고, 우리는 기쁘게, 건강하게, 성공적으로 살아가는 법을 배웁니다. 우리 바깥의 어떤 사람이나 상황에 의해서가 아니라, 우리들 내면의 영향과 은혜로 그렇게 되는 것입니다.

비즈니스 동료나 가족 구성원을 지배하려고 할 필요가 없습니다. 우리 안에 있는 법은, 우리의 권리와 특권을 유지하게 해줍니다. 우리 마음의 모든 바른 욕구는 두려움이나 의심 없이, 고투할 필요도 없이, 지금 성취됩니다. 우리가 편안한 상태에서 우리의 참된 바람에 대해 명상 상태로 빠르게 들어가는 법을 배울수록, 더 빠르고 더 쉽게 성취됩니다. 바람직한 선을 위해서 끝없이 고투해야 할 필요가 없습니다. 하지만 우리는 그동안 우리 바깥의 복지를 확립하고 유지할 수 있는 내면의 법이 존재한다는 것을 알지 못했습니다.

내면의 법이 외부적인 일들을 지배한다는 것이 처음에는 이상하게 보일 수 있습니다. 우리의 내면의 법이 유형의 표현으로 나타나게 되는 의식 상태를 달성하기가 처음에는 어려워 보일 수 있습니다. 그러나 긴장을 풀고 내면의 평온과 평화를 얻는 능력, 내면으로부터 우리에게 오는 계시를 고요히 묵상하는 우리의 능력에 비례하여 그것을 성취하게 될 것입니다. 고요함과 확신은 얼마 지나지 않아 우리를 지배하는 현실과 진정한 법을 직접 대면하게 해줍니다.

의식적인 노력이나 방향성이 없이도 의식 안에서 작동하는 법이 어떻게 당신 바깥의 개인들이나 상황들에 영향을 끼칠 수 있는지에 대한 의문이 당신의 생각 안에서 일어나지 않도록, 당신에게 요청하고 싶습니다. 당신이 내면의 법을 인식한 결과를 지켜보고, 관찰을 통해서 이것을 배우고 터득하도록 하십시오.

우리는 우리 자신의 내면에 우리의 세상을 안고 있다는 사실을 아직은 인식하지 못하게 되어 있습니다. 사람들, 장소들, 사물들로서 존재하는 모든 것이 우리 자신의 의식 안에서만 살아간다는 것을, 우리는 충분히 알지 못하고 있습니다. 우리는 우리 자신의 마음의 영역 바깥에 있는 것은 어떤 것도 인지할 수가 없습니다. 그리고 우리의 정신 왕국 안에 있는 모든 것은, 그 안에 있는 법에 의해 기쁘고 조화롭게 지시되고 유지됩니다. 우리는 이러한 법을 지시하거나 집행하지 않습니다. 그것들은 우리 안에서 영원히 작동하며 바깥세상을 다스립니다.

내면의 평화는 바깥세상의 조화가 됩니다. 우리의 생각이 내면의 자유의 본성을 취함에 따라 두려움, 의심, 실망감은 설 자리를 잃게 됩니다. 우리의 주권에 대한 깨달음이 생각 속에 동터 올 때, 확신과 자신감이 더욱더 뚜렷하게 자리잡게 됩니다. 우리는 새로운 존재가 되고, 세상은 세상을 향한 우리 자신의 고결한 태도를 우리에게 되비추어 줍니다. 동료들과 그들의 문제에 대한 이해심이 점차 우리의 내면에서 자리잡게 되어 사랑이 우리에게서 더욱 흘러나오게 됩니다. 더 많은 관용, 더 많은 협력, 더 많은 도움, 더 많은 자비가 발휘됩니다. 우리는 세상이 세상에 대한 우리의 새로운 개념에 반응한다는 것을, 그리하여 모든 우주가 자신의 부와 보물들을 우리의 무릎 안에 퍼부어주기 위해 달려오고 있다는 것을 알아차리게 됩니다.

국가들 사이에 많은 조약이 서명되고 선포되어 왔지만, 거의 모두가 실패하고 만 것은, 어떠한 문서도 그것을 치리하는 사람들의 성질보다 더 나은 법은 없기 때문입니다. 우리가 내면의 존재의 불에 휩싸여 거기에 동조하게 될 때, 우리에게는 더 이상 서면으로 하는 계약과 조약이 필요하지 않게 됩니다. 왜냐하면 그것은 정의, 정직, 지성, 친절을 우리의 첫번째 본성이 되게 하기 때문입니다. 그리고 이런 자질들은 가정, 사무실, 상점 등, 구체적인 삶의 자리에서 우리의 경험의 일부가 되는 모든 사람들 안에서 발현되게 됩니다. 우리의 의식 안에 드러난 선은 "되가 꼭꼭 눌리고, 흔들어서 넘치도록" 후하게 되어서 우리에게 돌아올 것입니다(눅 6:38 참조).

이 새로운 의식 안에서, 우리는 다른 사람들의 행동에 의해 덜 화를 내게 되고, 그들의 결점에 대해 더 인내하고, 그들의 실패에 의해 덜 방해받게 됩니다. 마찬가지로, 우리는 외부 조건에 의해 방해받고 제한되는 대신, 그것들을 만나지 않게 되거나 만나더라도 잘 다듬어주고, 거의 걱정하는 일이 없게 됩니다. 우리는 우리 안에 있는 것이 우리의 우주를 지배하고 있다는 것을, 내면의 신적 존재가 외부의 조화를 유지하고 있다는 것을 깨달아가고 있습니다. 우리 자신의 '영혼'의 평화와 고요함은 우리가 일상적으로 경험하는 세계 안에 조화와 성공을 가져다주는 법칙입니다.

당신이 진리를 아는 것 이상으로 그리스도를 가리지 않아야 한다는 것을 알지 못한다면, 앞서 말했던 모든 것은 다 허사입니다.

그리스도가 개인의 의식 안에서 동터 올 때, 개인적인 자아 감각은 저절로 줄어듭니다. 그리스도가 우리의 참존재가 됩니다.

우리에게는 아무런 바람도, 우리 자신의 어떤 힘도 없게 됩니다. 그리스도는 우리의 개인적인 이기심을 덮어 버립니다. 우리는 여전히 이 유한한 감각을 배경으로 인식하고, 때로는 그것을 확신하고, 심지어 그 장면을 지배하려고 하기까지 합니다. 바울은 이렇게 말합니다. "나는 내가 원하는 선한 일은 하지 않고, 도리어 원하지 않는 악한 일을 합니다"(롬 7:19).

개인의 자아는 치유하거나 가르치거나 조화롭게 다스릴 수가 없다는 것을 명백히 알아야 합니다. 그리스도가 우리의 의식 안에서 온전히 주권을 가지게 하려면, 개인의 자아는 잠잠하게 놓아두어야 합니다.

조약이나 선언 같은 문자로 진실을 다짐하고 약속하는 것은, 우리의 뜻과 행동을 그리스도께 바쳤을 때 우리가 성취할 수 있는 것과는 비교할 수조차 없습니다.

그리스도는 우리가 해답을 가질 수도 없고 극복할 능력도 없는 문제에 직면할 때, 그래서 "나 자신으로서는 할 수 있는 것이 아무것도 없다"는 것을 깨닫는 순간에, 가장 분명하게 우리의 의식에 이르십니다. 이러한 자기 대면의 순간에, 온화한 그리스도는 우리를 덮으시고, 우리의 의식에 스며들며, "고요하여라, 평화로워라"라고 말씀하십니다.

이 그리스도 안에서, 우리는 휴식, 평화, 위안, 치유를 발견합니다. 수고하지 않아도 되는 영적 감각의 힘이 우리를 장악하고, 빛이 밝아오면 어둠이 사라지듯이, 불화와 갈등이 사라집니다. 사실, 그것은 동이 터오는 것과 흡사합니다. 그리고 신성한 '빛'의 점진적인 유입은 우리의 삶에서 일어나는 장면들을 색칠하고, 인간의 감각이 빚어내는 환상들, 인간적인 생각 속의 어두운 곳들을 하나씩 하나씩 몰아냅니다.

우리가 내면의 성소로 자주 물러나곤 하여 그리스도를 우리의 영광스러운 손님으로 여기지 않으면, 일상생활의 스트레스는 이 위대한 '영'을 우리에게 앗아가고 말 것입니다.

헛된 자만이나 개인의 힘에 대한 믿음이 이 신성한 경험을 방해하지 않도록 하십시오. 기꺼이 마음을 내십시오. 받아들이십시오. 고요히 있으십시오.

무한공급

제 1 부

공급의 비밀은 누가복음 12장에서 찾아볼 수 있습니다.

예수께서 제자들에게 말씀하셨다. "그러므로 내가 너희에게 말한다. 너희 목숨을 위하여 무엇을 먹을까, 너희 몸을 위하여 무엇을 입을까 조금도 걱정하지 말라. 목숨이 음식보다 소중하고, 몸이 옷보다 소중하다. 저 공중의 까마귀를 보아라. 뿌리지도 않고, 거두지도 않고, 곳간에 쌓아두지도 않지만, 하나님께서는 그것들을 다 먹여 주신다. 하물며 너희는 새들보다 더 귀하지 아니하냐? 너희 중에 누가 염려하고 걱정한다고 해서, 단 하루인들 자기 수명을 늘릴 수 있느냐? 이처럼 너희가 지극히 사소한 일조차 해낼 수 없는데도, 무엇 때문에 다른 일들을 그토록 염려하고 걱정하느냐? 저 들판의 백합화를 보라. 실을 잣지도 않고 베도 짜지 않지만, 모든 영화를 누린 솔로몬도 저 꽃만큼 아름답게 차려입지 못하였다. 믿음이 적은 자들아! 보아라, 오늘 피었다가 내일 아궁이에 던져질 들판의 풀들조차도 하나님께서 이렇게 잘 입히시는데, 하물며 너희야 더욱 잘 입히시지 않겠느냐? 그러므로 너희는 무엇을 먹을까. 무엇을 마실까, 조금도 염려 하지 말라. 그런 것들은 세상 사람들이 날마다 열심히 추구하는 것들이다. 사실, 너희 하늘 아버지께서는 그런 것들이 너희에게 필요하다는 것을 충분히 알고 계신다. 그러므로 너희는 먼저 하나님의 나라를 추구하라. 그리하면, 이 모든 것들이 너희에게 더하여 주어질 것이다. 어린 양들아, 두려워 하지 말라. 너희 하늘 아버지께서는 그 나라를 너희에게 주시기를 진정 기뻐하신다." 누가복음 12:22-32

이를 삶 속에 적용하려다 보면 당연히 의문이 생겨납니다. 당장 돈을 써야 하는 경우가 적지 않은데, 어떻게 돈에 대해 아무 걱정도 하지 않을 수가 있단 말인가? 어떻게 돈에 대한 '생각 없이' 살 수 있단 말인가? 해마다 재정적인 문제가 불거지곤 하는데, 그리고 그런 문제들은 우리 자신의 잘못이 아닌 경우가 대부분인데, 어떻게 하나님께만 믿고 맡겨놓을 수가 있을까요? 누가복음의 이 구절은, 우리에게 닥친 어려움을 해결하는 방법이 돈이든, 음식이든, 옷이든, 혹은 어떤 형태의 것이든, 공급에 대해서는 아무런 염려나 걱정을 하지 않는 것이라고 분명히 말씀하고 있습니다. 그리고 그런 것들에 대해서 전혀 염려할 필요가 없는 이유는, "너희 하늘 아버지께서는 그 나라를 너희에게 주시기를 진정 기뻐"하시기 때문이고, "너희 하늘 아버지께서는 그런 것들이 너희에게 필요하다는 것을 충분히 알고 계시기" 때문입니다.

이 영감에 넘치는 성경의 메시지를 전적으로 확신하기 위해서는, 돈이 공급이 아니라 공급의 효과 또는 결과라는 것을 이해해야 합니다. 돈, 옷, 가정, 자동차, 음식 같은 것은 모두가 다 공급자체가 아닙니다. 이 모든 것은 다 공급의 효과이며, 이러한 무한 공급이 당신 안에 존재하지 않았다면, 당신의 경험에 '더해지는 것들'이 있을 수가 없을 것입니다. 물론 '더해진 것들'이란, 우리들 존재의 이 단계에서 우리가 필요로 하는 돈, 음식, 옷 같은 실용적인 것들입니다.

돈이 공급의 문제가 아니라면, 어떤 문제일까요? 잠시 이 논제를 떠나, 열매가 가득 열린 오렌지 나무에 대해 생각해 봅시다. 오렌지는 먹히거나 팔리거나 버려지게 되는 소모품이지, 공급자체가 아닙니다. 오렌지 열매는 소모되지만, 오렌지 나무는 이듬해에 다시 열매를 생산해 냅니다. 오렌지는 사라졌지만, 공급자는 나무로서 남아 있습니다. 그리고 그 나무 안에는, 작동하는 법이 있습니다. 그것을 하나님의 법, 또는 자연의 법이라고 부릅니다. 법의 이름은 그다지 중요하지 않지만, 나무 안에서, 나무를 통해서, 나무로서 작동하고 있는 법이 있다는 것을 인정하는 것은 중요합니다. 그 법은 뿌리를 통해 미네랄, 공기, 물, 햇빛의 요소를 끌어들인 다음, 그것을 수액으로 변화시켜서 나무의 줄기를 통해 뿜어 올리고 가지들로 내보내어 꽃으로 피어나게 합니다. 때가 되면 이 법은 꽃들을 녹색의 과일들로 변모시키고, 이것을 다시 완전히 익은 오렌지가 되게 합니다. 오렌지는 오렌지 나무에서, 나무를 통해, 그리고 나무로서 작용하는 법의 효과 또는 결과입니다. 이 법이 존재하는 한, 우리는 오렌지를 가질 것입니다. 오렌지 자체는 다른 오렌지를 생산할 수 없습니다. 따라서 우리는 법이 곧 공급이며, 오렌지는 법의 효과, 또는 결과라는 것을 이해할 수 있습니다.

당신과 나의 내면에도 작동하는 법이 있으니, 곧 '생명의 법'입니다. 이 법이 현존한다는 우리의 인식이 우리의 공급자이자 공급원입니다. 일상생활에 필요한 돈과 물건은 내면의 법이 활동한다는 것에 대한 의식의 효과입니다. 이러한 이해를 통해 우리는 외부 세계의 것들에 대해 생각을 하지 않고도 법에 대한 의식 안에서 살면서 필요충분한 공급을 받을 수 있습니다.

어떤 것이 공급의 법일까요? 우주 의식, 곧 신 의식, 당신의 개인의식이 법입니다. 당신의 의식이 곧 법입니다. 따라서 당신의 의식은 당신에게 공급의 법이 되어, 당신의 안녕에 필요한 것들의 형태로 자신의 이미지와 모양을 만들어냅니다. 당신의 의식에는 제한이 없기 때문에, 법의 작용에 대한 의식적인 인식에는 제한이 없고, 따라서 모든 형태의 공급이 당신에게 제한 없이 이루어질 수 있습니다.

신 의식, 우주 의식, 당신의 개인의식은 영적입니다. 당신 안에 있는 이 법의 작용도 마찬가지로 영적이므로, 온갖 형태로 이루어지는 공급 또한 영적이고, 무한하며, 항상 존재합니다. 우리가 돈, 음식, 의복, 자동차, 집으로서 보고 있는 것은 이러한 이데아에 대한 우리의 개념들을 대표합니다. 우리의 개념들은 우리의 마음과 마찬가지로 무한합니다.

계속적으로 과일을 생산해 주는 공급원이 우리에게 있는 한 오렌지를 생각할 필요도 없듯이, 돈에 대해서도 생각을 낼 필요조차 없습니다. 오렌지를 오렌지 나무와 별개로 생각할 수 없듯이, 돈

또한 우리의 내면에서 법이 작용한 자연스럽고 피할 수 없는 결과입
니다. 법이 열매를 생산할 수 있도록 작동하고 있다는 진실을
인식하는 한, 나무가 헐벗어 보일 때라도 전혀 걱정할 필요가
전혀 없습니다. 우리의 재정 상태에 관계 없이, 법이 우리 안에서,
우리를 통하여 작용하고 있다는 것을 알기 때문에, 또한 우리가
깨어 있을 때뿐만 아니라 잠자고 있을 때에도 우리에게 모든 것들을
더해 주기 위하여 우리 안에서 우리의 의식이 작용하고 있기 때문
에, 우리는 전혀 걱정할 필요가 없습니다.

백합화를 보고, 하나님의 사랑이 현존하고 있다는 것에 기뻐
하십시오. 참새를 보고, 그들이 이 법을 얼마나 신뢰하고 있는지를
지켜보십시오.

꽃을 볼 때에는, 우리에게 신의 현존을 확신시켜주는 그것들
에 감사하고 기뻐하십시오. 자연의 아름다움과 풍요로움을 즐기
면서, 어떤 것도 비축하려는 마음을 내지 않아도, 그들에게는
무한 공급이 이루어져서 아무런 두려움 없이 살아간다는 것을
지켜보고, 우리는 우리에게도 무한 공급의 열매들이 주어지고
있다는 것을 실감할 수 있습니다. 무한 공급의 열매들, 그것은
우리 내면에 있는 무한 저장 창고의 결과물입니다.

외부 영역의 이러한 것들을 즐기십시오. 그러나 그것들을 공급자나 공급원으로 간주하지는 마십시오. 법이 현존한다는 것과 그 작용에 대한 우리의 자각이 공급에 대한 우리의 의식이며, 외부의 것들은 우리의 의식이 표현하는 형태들입니다. 내면의 공급자나 공급원이 외부의 필요 물품들로 나타나는 것입니다.

제 2 부

우리는 한편으로는 우리의 공급이나 건강에 대해 생각조차 할 필요가 없다는 말씀을 듣고, 다른 한편으로는 "쉼 없이 기도하라", "진리를 알지니 진리가 너희를 자유롭게 하리라"라는 말씀을 듣습니다. 서로 상반되는 것처럼 보이지만, 두 교훈은 모두 틀리지 않습니다. 하지만 우리가 이해해야 할 것들이 있습니다.

인간에 관한 믿음 중에서 항상 잘 작동하는 것이 있는데, '평균의 법칙'이라는 것입니다. 이 법칙에서 우리는 물질적인 이익을 끌어내곤 하지요. 각 가정에 전화를 걸어서 판매를 시도하는 경우, 대개는 스무 통화를 하게 되면 한 번은 판매가 이루어집니다. 광고지를 돌리는 경우에는 평균 2% 정도가 반응을 보입니다.

자동차 운전의 경우에도 일정 비율로 사고가 일어납니다. 생명보험 회사들은 평균 수명과 기대 수명에 대한 목록을 가지고 있어서, 당신이 몇 년 동안이나 더 살 수 있는지 언제든지 답변해 줄 수 있습니다.

인간적으로 살아간다는 것, 다시 말해서, 매일같이 이런 평균이 당신에게 영향을 미치는 세상에서 살아간다는 것은, 결코 과학적이라고 할 수 없습니다. 이것은 모두 인간 존재에 대한 신념의 일부로서, 당신이 그것에 대해 특별한 조치를 하지 않는다면, 당신은 소위 경제나 건강의 법칙에 따라 살아가게 됩니다. 이런 제안들은, 실제로는 신념에 불과하지만, 거의 대부분 믿기 때문에 최면과도 같이 작동하게 되어, 경계하지 않는 사람들은 자신도 모르게 한계를 가져오는 이런 것들의 바탕 위에서 행동하게 되어 있습니다.

우리가 이런 제안들로부터 자유로워지려면 어떻게 해야 할까요? 무엇보다도, 우리는 더 높은 의식 수준에서 살아야 합니다. 효과나 결과의 영역에 존재하는 것은 원인이 아니고, 창조의 힘을 가지고 있지 않으며, 우리를 지배할 아무런 힘도 갖고 있지 않습니다. 될 수 있는 한, 늘 그것을 알아차리고, 거기에 물들지

앓도록 자기 자신을 훈련해야 합니다. "나는 길이요, 진리요, 생명"이라는 중요한 영적 지혜를 명심해야 합니다. 나는 무한한 의식이기 때문에, 내가 곧 법이기 때문에, 외부의 어떤 것도 내 위에 작용할 수 없고, 나에게 법이 될 수 없습니다. 우리가 고통을 겪는 것은 환상을 현실로 받아들이기 때문입니다. 그것 외에 다른 이유는 없습니다. 죄와 질병으로 불리는 이런 것들이 우리를 고통스럽게 하는 것이 아닙니다. 그것들은 잘못된 가정들이 취하고 있는 형태들입니다. 이름이야 무어라고 부르든, 그것들은 일종의 최면이고, 제안들이고, 환상입니다. 세상의 모든 것이 인간의 오감이 빚어낸 환상들입니다. 개인, 장소, 물건은 물론이고 죄, 질병, 결핍감, 한계 또한 그렇게 나타나 보이는 것일 뿐입니다.

우리는 우리 위에 작용하는 어떤 것의 효과(결과)로서 존재하는 것이 아니니, 마치 어떤 결과물인 것처럼 살아서는 안 됩니다. 우리는 '법'으로서, 우리들 존재의 '섭리'(Principle)로서 살아야 합니다. 그것을 잊지 말아야 합니다. 우리는 우리에게 일어나는 일들이 우리 자신의 의식의 효과(결과)라는 것을, 우리 자신의 존재 이미지와 닮은꼴이라는 것을, 우리의 신적 '자아'의 표현이거나 화현이라는 것을 의식적으로 알아차려야 하고, 그럴 때에만 그것들을 온전히 가질 수 있습니다. 그때만이 우리에게 일어나는 일들에 우리가 '법'일 수 있습니다.

우리의 진정한 정체성을 마음에 새기는 것으로 하루를 시작해야 합니다. 우리는 우리 자신을 '영'으로서, '섭리'로서, '생명'의 법칙으로서 자각하여, 우리가 하는 일들의 주인이 되어야 합니다. 우리는 무한한 선을 우리 자신 안에서 구현하고 있는 무한하고, 개인적이고, 영적인 의식입니다. 그러니 무엇이 더 이상 필요하겠습니까. 그것을 기억해야 합니다. 우리가 중심이고, 날이면 날마다 5천 명을 먹일 수 있는 '신-의식'입니다. 그렇게 먹일 수 있는 것은 은행 계좌를 사용해서가 아니라, 예수를 통해 퍼부어졌던 것과 동일한 무한한 선이 우리를 통하여 퍼부어지게 함으로써입니다. 우리는 사람들에게 무엇을 얻을 수 있는지, 그들이 우리를 위해 무엇을 해줄 수 있는지, 그런 생각을 가지고 사람들을 만나지 않습니다. 우리는 신의 현존으로서 생명을 향해 나아갑니다.

낮 동안에는, 집안일을 하든, 차를 운전하든, 무엇인가를 팔거나 사든, 우리는 우리가 사는 세상에서 우리 자신이 법이라는 것을, 그러니 우리가 접촉하는 모든 이들에게 우리는 곧 사랑의 법이라는 것을 의식적으로 기억해야 합니다. 우리의 생각과 행동의 범위 안으로 들어오는 모든 사람들은 우리와의 접촉에 의해 축복을 받아야 마땅합니다. 우리가 곧 사랑의 법이기 때문입니다. 우리가 곧 세상의 빛이기 때문입니다. 공급의 법이 우리 안에서 작용하고 있기 때문에 우리에게는 아무것도 필요하지 않습니다. 우리는 누구인지조차 모르는 '5천 명'의 사람들도 먹일 수가 있습니다.

우리와 신(곧 우리의 선) 사이가 분리되어 있다고 믿는 사람들이 있습니다. 이는 "나와 아버지는 하나이며, 아버지가 가진 것은 모두 내 것이고, 내가 서 있는 곳이 거룩한 땅"임을 깨달음으로써 바르게 고쳐져야 합니다. 우리는 우리 존재의 무한성을 인식하여 성서의 진리를 깨닫고, 이러한 약속이 진실임을 밝히 알 수 있습니다. 그것들은 더 이상 인용이 아니라, 사실의 진술입니다. 그것들은 우리에게 '진리를 아는 것'과 '아무 생각을 내지 않고도 진리 안에서 사는 것' 사이의 경계 지점으로 우리를 이끌어 줍니다.

우리는 이제 우리 자신의 의식, 즉 우리 존재의 진실 안에서 확립된 진리로서 참된 실상을 깨닫고 있습니다. 우리는 우리 자신의 유익을 우리에게로 끌어당기려고 하는 생각을 하지 않습니다. 우리는 우리 자신에게 어떤 일이 일어나도록 우리 자신에게 어떤 조처를 취하지 않습니다. 하지만 우리는 우리 자신의 정체성에 대한 진실, 무한한 것과의 하나됨, 무한한 능력과의 하나됨을 알고 있고, 깨닫고 있습니다. 우리는 모든 세대에 걸쳐서 인간으로서, 신이 아닌 다른 무엇으로서 알려져 왔고, 그래서 우리가 우리의 참된 본성을 우리 자신에게 날마다 상기시키지 않으면, 우리는 우리가 신과 분리된 존재라는 일반적인 믿음에 종속되어 버리기 쉽습니다.

특정한 사람들과는 일체감을 느끼지 못하고 분리감을 경험하곤 하지만, 사실은 그들 또한 우리의 완전성의 한 부분입니다. 우리의 성취를 위해 필요한 사람, 서류, 가정, 교제, 기회 등이 우리와 분리되어 있다고 믿어질 수도 있습니다. 분리에 대한 이런 신념은, 신과 우리의 하나됨이 모든 이데아와 우리의 하나됨을 구성한다는 것을 깨달음으로써 바르게 고쳐질 수 있습니다. 전화가 여기에 대한 적절한 예가 될 수 있을 것입니다. 전화를 통해 나는 전 세계의 다른 전화들과 이어질 수 있지만, 아무리 가까운 이웃집이라도 제어 센터를 통하지 않고서는 전화를 걸 수 없습니다. 제어 센터와 이어져서 하나가 됨으로써, 다른 모든 전화와 통할 수가 있습니다. 우리는 신과의 하나됨, 무한한 '섭리' 와의 하나됨, '사랑'과의 하나됨을 깨달음으로써, 우리의 완전함 이 펼쳐지는 데에 필요한 모든 이데아와 하나됨을 발견하고 실현 하게 됩니다.

당신은 사람이나 이데아로서 살 수가 없다는 것을 잊지 말아 야 합니다. 당신 자신이 '생명', '진실', '사랑'임을 깨달아야 합니 다. 예수께서 드러내어 보여주신 '아이 엠'(I AM)의 정체성을 받아 들이고, 투철하게 깨달아야 합니다.

'진실'(Truth)을 현실에 적용하려고 하지 말아야 합니다. '진 실'을 적용하려는 것은 인간적인 생각의 작용입니다. '진실'은 무한합니다. 그러므로, 당신이 적용할 수 있는 '진실'은 아무것도 아닙니다. 그것이 존재의 현실입니다. '진실'을 작용시킬 안도 없고 바깥도 없습니다. '진실'은 스스로 행동하고, 스스로 작동합 니다.

우리는 모두 우리에게 공급이 주어진다고 생각하고, 그런 활동에 참여하고 있습니다. 사업이든, 직업이든, 예술이든, 모두 가 다 '의식'의 활동입니다. 따라서 우리의 활동은 지성적이고 사랑으로 지시되고 유지됩니다. 아니, 그 이상입니다. '그것'은

'의식'의 발산으로서, 자신의 존재, 본성, 성격을 개별적으로 스스로 나타내고 표현합니다. 통치는 '그것'의 어깨 위에 달려 있으며, 책임은 온전히 '의식'에 있습니다. 우리는 내려놓는 법을 배워야 합니다. '신', '의식'으로 하여금 '자신'의 책임을 감당하도록 허용하는 법을 배워야 합니다.

성경에 엘리야의 시련과 환란에 대한 기사가 나옵니다. 열왕기상 18장을 읽어 보면, 우리는 엘리야 안에서 '성령', 곧 하나님이 현존하신다는 의식이 그런 놀라운 일을 해냈다는 것을 알 수 있습니다. 그에게 일어난 일들은, 인간의 힘으로는 도저히 성취할 수 없는 것들이었습니다.

이어서 엘리야는 사역에 실패한 것으로 보이는 낙담할 만한 일들을 겪게 됩니다(왕상 19장). 이것은 엘리야에게, 과거에 그가 경험한 일들이 한 인간의 힘이었던 것이 아니라, 하나님의 힘이 한 인간으로서, 하나님께서 한 개인으로서 나타나신 것임을 증거할 기회였습니다.

로뎀나무 아래에 놓여진 엘리야를 위한 음식들은 하나님의 현존에 대한 그의 인식이 눈에 보이는 형태로 나타난 것입니다.

열왕기상 19장 18절에는 다음과 같은 위대한 메시지가 나옵니다. "그러나 나는 바알에 엎드려 절하지도 않고 무릎을 꿇고 입을 맞추지도 않은 칠천 명을 이스라엘에 남겨두었다." 여기에서 주목해야 할 것은, 하나님이 엘리야를 위해서가 아니라 자기 자신, 곧 엘리야로 나타난 하나님을 위해 7천 명을 구원하셨다는 점입니다.

우리의 일이 무엇이든—사업이든, 직장이든, 예술가로서의 일이든—신, 곧 개인의 '의식'은 언제나 자기 자신을 위해서 7천 명(완전성)을 유지합니다. 우리가 '세미한 소리'를 듣는 법을 배움에 따라, 우리 역시 우리의 일과 인정과 보상을 발견할 수 있도록 인도될 것입니다. 우리는 개인의 '의식'으로 존재합니다. 그러므로, 우리의 성취에 필요한 모든 것은 우리가 가진 무한한 '의식'에 이미 포함되어 있습니다.

신은 자기 자신을 당신이라는 개인으로서 표현하고 있으며, 당신의 능력은 실제로 신의 능력입니다. 당신의 활동은 실제로 '의식', '생명'의 활동입니다. 그러므로 당신에 대한 책임은 신의 책임입니다. 신의 현존을 알아차리십시오. 그리하여 인생의 매 걸음마다 성공할 수 있는 모든 비결을 당신의 것으로 가지십시오.

영적 의식인 당신의 개인을 위해 준비된 7천 명(성취)이 있습니다. 즉, 신, 개인의 '의식', 당신의 '의식'은 당신에게 당신의 개인적인 수용력과 능력을 부여하였고, 그에 따라 당신에게는 보상과 기회가 이미 주어졌습니다. 이것들이 각 상황에 맞게 나타나게 됩니다.

'신', 곧 당신의 개인 '의식'은 당신의 개인적인 경험의 성취를 위해 필요한 모든 것을 당신을 위해 이미 예비하고 있습니다. 그것을 항상 기억하십시오. 당신은 조화 자체인 신의 바깥에 있는 것이 결코 아닙니다. 매 순간 신의 현존을 알아차리도록 당신 자신을 격려하십시오.

우리로 하여금 생각을 내지 않고도 온전한 풍요의 삶을 (은혜에 의해) 가능하게 하는 것은, 신과 우리의 의식적인 하나됨입니다.

우리 모두는 보이지 않는 힘으로 이미 하나로 묶여 있습니다. 우리는 서로에게서 무엇인가를 얻기 위해서가 아니라, 신께 속하는 영적 보물들을 공유하기 위해서 여기에 있습니다. 우리의 이익은 서로의 안에, 진실 안에 있으며, 순전히 영적입니다. 우리의 삶의 목적은 내면에 있는 '영'이 펼쳐지기 위함입니다.

영적인 시야가 넓어지고 높아지면, 우리는 서로를 남자나 여자로, 부자나 가난한 자로, 위대한 자나 비천한 자로 보지 않게 됩니다. 모든 인간의 가치는 내면의 왕국을 구하고 찾는 것으로 귀결됩니다. 우리는 서로를 '빛'의 길을 걷는 여행자로서 보게 되고, 우리의 펼쳐짐을, 경험을, 우리의 영적 자원들을 나누고 공유하게 됩니다. 우리는 이 모든 것들을 서로서로 기꺼이 나누려 하게 될 것입니다.

마찬가지로, 서로의 영적 성취에 대한 시기나 질투도 없게 됩니다. 우리의 재산, 지위, 명성, 권력, 건강, 아름다움, 또는 부의 정도에 상관없이 모두가 다 신의 선물이며, 따라서 의식의 개방성의 정도에 따라 우리 모두가 다 이것들을 누릴 수 있다는 것을, 잠깐 동안이라도 깨달을 수 있어야 합니다. 의식의 열림 정도에 따라, 우리는 자신의 초개아적 사랑을 어떻게 인간 세상에 가져올 수 있는지를 점차 이해하게 되는 것입니다.

누가 무엇을 소유하고 있든, 그것은 단지 그의 의식 상태의 표현이라는 것을 깨달을 수 있어야 합니다. 그러니 다른 사람의 소유물을 넘보고 그것을 탐낸다는 것은 있을 수 없는 일입니다. 우주적 평화 속에서 은혜에 의해 살아가는 첫걸음은, 어떤 사람이 소유하고 있는 모든 것, 소유할 수 있는 모든 것은, 그 사람 자신의 무한 '의식'에서 나오는 것이라는 이해와 더불어 시작됩니다.

우리 모두는 하나님 안에서 '그리스도와 함께 공동 상속자'입니다. 그러므로, 우리 모두는 우리 자신의 무한 '의식'과 '영혼'의 자원을 의지하고 이용하며, 이미 우리의 것인 것을 위해 애써 수고하거나 고투할 필요가 없습니다. 어떤 사람이 어느 때에 소유하고 있는 모든 것, 인간적인 가치에 속하는 것으로 보이는 것일지라도, 그 모든 것은 그 사람 자신의 의식 상태의 펼쳐짐이고, 따라서 그 소유자에게만 속합니다. 우리가 가진 것은 우리 자신의 의식 상태의 열매이고 결과입니다. 우리가 아직 얻지 못한 것은 신, 곧 우리 자신의 무한 '의식'과 의식적인 합일을 이루지 못했기 때문입니다.

우리의 이해와 깨달음의 경계가 확장됨에 따라 우리는 우리가 원하는 만큼 많은 것들을 가질 수 있습니다. 우리가 다른 사람으로부터 얻을 수 있는 것은 아무것도 없습니다. 그것이 합법적으로 이루어졌다고 해도 마찬가지입니다. 그것은 그것을 의식하는 자에게만 속하게 될 것입니다. 우리의 것은 영원히 우리의 것이지만, 우리의 의식 상태가 그렇게 표현되고 있기 때문일 뿐, 다른 이유는 없습니다.

아버지, 곧 나 자신의 무한 '의식'이 가진 모든 것이 나의 것입니다.

이 진실에 대한 깨달음은, 모든 사람들을 한 세계 안에서 조화롭게, 기쁘게, 성공적으로, 서로에 대한 아무런 두려움 없이, 탐욕과 시기와 질투심 없이 살아가게 해줄 것입니다. 우리는 에덴동산으로 돌아가게 될 것입니다. 우리는 생각을 내지 않고도, 은혜에 의해 살아가게 될 것입니다. 우리는 삶을 신의 선물로서, 우리의 의식의 자연스러운 흐름으로서, 인지하게 될 것입니다. 그리하여 우리는 우리를 영원히 '사랑'의 형제애로 묶어주는, 보이지 않는 영적 유대감을 형성하게 될 것입니다. 공급의 문제는 영원히 해결될 것이고, 그리하여 이 지상에 평화의 통치가 확립될 것입니다.

궁극의 지혜

모든 갈등은 당신의 의식 안에서 해결되어야 합니다. 영이 주인이 되는 삶은, 바로 여기에 대한 이해에서부터 시작됩니다.

사람이나 상황 때문에 갈등이 일어나는 것이 아닙니다. 사람, 사물, 상황, 또는 상태에 대한 잘못된 개념이 늘 문제입니다. 그러니, 고쳐져야 할 것은 바깥의 어떤 것이나 사람이 아니라, 당신의 내면입니다.

신은 본질이요, 법이요, 원인이요, 존재하는 모든 것의 활동임을 알고, 환영에 지나지 않는 바깥의 것들로 인해 헤매지 마십시오. 당신 자신의 내면으로 들어가서, 거기에서 모든 문제를 해결하도록 하십시오.

존재의 중심에서 살 때, 세상의 생각, 견해, 법, 이론 따위는 당신의 털끝 하나도 건드리지 못합니다. 당신이 겉거죽의 세상에 반응하지 않으면, 그 어떤 것도 당신에게 영향력을 행사할 수가 없습니다.

영이 주인이 되는 삶을 살 때, 당신은 세상에 어떠한 라벨도 붙이지 않습니다. 당신은 선이나 악, 아픔이나 건강, 부나 빈곤에 대해서 판단하지 않습니다. 겉모습이 조화롭게 보이든 불화로 보이든, 아무런 판단을 하지 않음으로써 당신은 단지 있는 그대로의 자기 자신을 알고, 있는 그대로의 '그것'으로 하여금 스스로를 규정하게 합니다.

영이 주인이 되는 삶을 산다는 것은, 존재하는 모든 것을 알아차리는 것입니다. 어떤 것에도 라벨을 붙이거나 규정하지 않고, 판단하지 마십시오. '스스로 존재하는 것'을 아는 것에 만족하고, '스스로 존재하는 것'이 자기 존재를, 자기 본성을 드러내고, 당신에게 개성을 부여하도록 그저 놓아두십시오.

기도는 조화로운 삶을 마음에 그리는 일입니다. 이 비전은 어떤 사람이나 어떤 것을 변화시키거나 개선하려는 욕망을 내려놓음으로써 달성됩니다.

기도를 통해서 어떤 것이나 어떤 상황이 이루어지기를 바라지 마십시오, 조화가 스스로 자기 자신을 드러내도록 허용하십시오, 당신의 기도 속에서 '스스로 있는 그것'이 나타나게 하십시오.

기도는 무엇을 어떻게 만드는 것이 아니라, 그저 '지켜봄'으로써 '스스로 있는 그것'을 알아차리는 일입니다.

기도한다는 것은 당신 편에서 마음으로 어떤 애씀도 없이 스스로 일어나는 조화를 알아차리는 일입니다.

기도는 '스스로 있는 그것' 안에서 아무런 바람 없이 존재하는 일입니다.

영적 지혜는 '스스로 있는 그것'을 알아차림으로써 심오하고, 깨끗하고, 차가운 내면의 우물을 드러내어 줍니다.

기도를 통해서 신께 영향력을 행사하려고 하지 마십시오.

당신은 기도를 통해서 신이 주관하시는 우주를 개선하려고 하시는 것입니까? 그것이 아님을 확신하도록 하십시오.

당신 자신에게 평화를 선물하십시오. 신은 있음 자체입니다.

내면의 심오하고도 깨끗한 충만함의 근원 안에서 쉬십시오. 평화가 이미 현존하고 있습니다.

세상 속에서 아무런 욕망도 품지 마십시오. 신의 은총으로 충분합니다.

당신 자신의 외부에 어떤 악한 힘이 존재하는 것이 아닙니다. 불화는 외부에 있는 것이 아닙니다. 당신의 의식 안에서 문제를 해결하십시오. "어찌하여 뭇 나라가 술렁거리며, 어찌하여 뭇 민족이 헛된 일을 꾸미는가?"(시편 2:1)

보이는 것 너머의 것을 꿰뚫어볼 줄 알아야 합니다. 거기에 평화가 있습니다.

다니엘은 아무도 '손대지 않았는데도' 하나의 돌멩이가 날아와 순금과 은과 청동과 쇠와 진흙으로 된 거대한 신상을 부수어 버린 바빌로니아 왕의 꿈을 해석하면서, '손을 대지 않았는데도 날아온 돌멩이'를 하나님의 '말씀'으로 풀어냅니다. 당신 자신의 의식, '스스로 존재하는 그것'에 대한 알아차림은 힘이나 권력이 없이도 오직 '스스로 있는 것'의 은총에 의해서 모든 것을 극복하게 해주는 '돌멩이'입니다. 그러니 그저 평화와 함께 있으십시오.

'스스로 있는 존재'만이 세상을 이기고 극복할 수 있습니다.

시원하고 깨끗한 내면의 깊은 우물은 언제나 기쁨이 이미 존재한다는 확신으로 당신을 늘 새롭게 합니다. "고요히 있으라, 평화가 함께 할지니."

당신의 부조화와 불만을 충만함의 우물 속에 담그십시오. 그것들을 씻고, 신의 은총을 보십시오! "나의 평화를 그대에게 줄지니."

당황하지 마십시오. "내가 여기에 있습니다."

당신 자신 외에는 어느 누구도 당신에게 한계를 부여하지 않습니다. 자유하십시오.

존재하는 그것으로 충분합니다.

충만함의 깊은 우물 안에 거하십시오. "스스로 있는 나"가 여기에 있습니다.

누군가를 치유해 주고, 부유하게 해주고, 축복해 주는 기도나 명상, 생각의 어떤 형태를 당신이 발견할 수 있다면, 당신은 그 결과 신이 되는 것입니다. 하지만 이것은 불가능합니다! 오직 신만이 신이시기 때문입니다.

고수해야 할 무언가나 생각을 찾을 수 있다면, 그때에도, 당신은 신이 되는 것입니다. 그런 일은 불가능합니다!

신을 깨닫고 실현하는 것이 아닌 어떤 '목적'을 갖거나 '대상'을 가지는 한, 신을 깨닫거나 실현하기란 불가능합니다.

어떤 것을 획득하려는 마음을 품는 한, 신을 통하여 어떤 것을 획득하기란 불가능합니다. 하나님은 질투하시는 하나님이시기 때문입니다.

하나님을 위한 생각, 하나님을 위한 것, 이런 식으로는 추구하지 마십시오.

알려질 수 있는 것은 어떤 것이든 결과일 뿐입니다. 신은 알려질 수 없습니다. 시도를 멈추십시오. 사람들은 인간적인 기준에 의해 판단하면서, 기도를 해도 응답을 받을 수가 없다고 불평합니다. 기도로 유익을 얻으려면, 선에 대한 모든 개인적인 개념을 포기해야 합니다. 인간적인 욕망의 틀에 끼워 맞추어 기도가 응답을 받았다고 착각해서는 안 됩니다.

진실은 무한합니다. 그러므로, 진실은 유한한 언어로 알려질 수가 없습니다.

빈 마음으로 신께 나아가십시오. 신의 뜻과 방법에 따라 성취되기를 바라십시오.

신은 인간의 현장에 계시지 않습니다. 이 진술의 중요성을 당신이 알고 있다면, 당신은 당신의 목숨을 내려놓을 수도 있고 다시 취할 수도 있습니다. 생명이 물질에 휘둘려서는 안 됩니다.

신은 파워가 아닙니다. 당신이 '의식'의 중심에 도달하면, 당신은 완전한 고요함, '침묵'의 깊은 우물을 발견하게 될 것입니다. 그것은 파워가 아닙니다. 왜냐하면 '그것'을 넘어설 수 있는 힘도 없고, 거기에 대항하는 힘도 있을 수 없기 때문입니다. '그것'은 단지 '있음'(IS)입니다.

신에 대한 인식이 조화를 만들어내는 것이 아닙니다. 신의 현존이 조화 자체입니다.

유일한 오류는 신이 부재한다고 느끼는 것입니다. 신을 인식하는 것이 오류를 없애주는 것이 아닙니다. 신 자신만이 유일한 조화입니다.

어느 누구도 신을 다른 사람에게 드러내어 줄 수 없습니다. 하지만 기도의 본질을 드러냄으로써, 우리는 그 사람을 신에 대한 경험을 수용할 수 있는 자리로 데려갈 수 있습니다. '신-경험' (God-experence)은 기도를 바르게 이해할 때에만 가능합니다. 왜냐하면 기도는 신과의 접속 지점이기 때문입니다. 기도는 신에 대한 앎의 통로입니다. 기도는 '신-경험'을 위해 의식을 준비하는 일입니다.

신의 인도를 구하는 일은, 신과 분리되어 있다는 느낌을 조장합니다. 신을 대상으로 인식하게 되어, 도움을 구하고, 지시나 지혜를 구하게 되는 것입니다. 신으로 하여금 당신의 삶이 되게 할 필요가 있습니다. 그때 '그것'은 살고, 행동하고, 실천하고, 바로 당신이라는 존재가 됩니다.

명상을 처음 접하게 되면, 우리는 신에 대해서, 신의 자질과 성품에 대해서 숙고하고 사유합니다. 우리의 의식이 높아지게 되면, 우리는 우리가 곧잘 하게 되는 신에 대한 생각은 신 자신이 아니라, 신에 대한 개념이었을 뿐이라는 것을 깨닫게 됩니다. 그리하여 마음이 고요한 상태로 들어가서 '나의' 평화, 그리고 신을 경험하는 깊은 침묵의 상태로 이끌려지게 됩니다.

배움의 시절에는 건강, 평화, 안전, 안심, 조화의 수단으로서 신을, 진리를 찾곤 합니다. 하지만 영적으로 성숙하게 되면, 우리는 '그분' 밖에서 이것들을 찾아서는 안 된다는 것을, 신을 경험하는 것이 우리의 유일한 소망일 수밖에 없다는 것을 알게 됩니다. 건강이나 행복이나 안전 이상의 것을 구해야 합니다. 오직 '그분'만을 구해야 합니다. 모든 사람이 평화, 건강, 기쁨, 풍요를 바라는 것 이상으로 상승해야 합니다. "그리고 영생에 이르는 길, 그것은 유일하신 참 하나님을 아는 것입니다."

자신들의 기쁨을 위하여 좋은 것들을 쾌락, 사물, 장소 등에서 찾는 것은, 영적 펼쳐짐을 가로막는 장애가 됩니다. 신의 실현만을 구하면, 기쁨의 장소와 기쁨의 사물들, 즐길 거리가 우리의 경험에 들어옵니다. 그러면 우리의 기쁨은 그것들의 '근원'을 깨닫는 가운데 더욱 커지게 됩니다.

기도의 말과 생각은 하나됨의 분위기로 끌어 올려지는 도구가 되어야 쓸 만하고, 궁극에는 말과 생각이 필요 없는 상태가 되어야 합니다. 말과 생각만으로 기도를 하는 것은, 신을 인식하는 데에 오히려 걸림돌이 됩니다.

오해하지 마십시오. 여기에 비밀이 있습니다. 당신의 의식을 신의 말씀으로 가득 채우십시오. 말씀을 들으십시오. 읽으십시오. 숙고하십시오. 그것에 대해 명상하십시오. 그럼으로써 의식이 풍요로워지고, 익어갈 것입니다. 이렇게 점점 더 깊고 순수한 의식이 되면, 이것은 당신이라는 존재의 원인이 되고, 법이 되고, 본질이 되고, 활동이 됩니다. 공부와 수련과 명상을 통해 진화된 더 고상한 의식은 신과 의식적으로 하나되는 상태가 되고, '나의' 평화의 깊은 침묵 상태에 이르게 됩니다. 그때, 당신은 말과 생각을 초월하는 상태로 끌어 올려질 것입니다.

단지 진리를 읽는 것은 지식을 습득하는 것에 지나지 않으며, 의식을 깊고 풍요롭게 밭갈이 해 주지 않습니다. 더 깊어진 의식, 더 풍요로워진 의식, 그것이 바로 그리스도입니다.

우리는 악이 일어날 수 있는 필멸의 의식 차원에서 살고 있지 않습니다.

신은 생각이나 마음의 영역에 있지 않습니다. 신께 나아가려면 마음과 생각을 초월해야 합니다.

순수 의식보다 낮은 차원에서 나오는 반응은 어떤 것이든, 자신의 '큰 자아'에서가 아니라 '작은 자아'에서 나온 것입니다.

오, 배움의 길에 들어선 분들이여! 인간의 의식 안에서 하늘의 부를 구하려고 애쓰지 마십시오. 기다리십시오! 기다리십시오! 더 높은 차원의 의식을 구하십시오. 거기에는 아버지의 보물들이 공기처럼 존재합니다. 누구나 아무런 수고함 없이 갖고, 누릴 수 있습니다.

인간의 바람과 기도가 신을 당신 편으로 인도해 줄 것이라고 믿지 마십시오. '그분'의 임재가 이루어질 때까지 의식이 상승되어야 합니다. 거기에 쉼이 있습니다. 걱정과 근심, 의심, 두려움으로부터의 영원하고도 참된 휴식이 여기에 있습니다.

배움의 길 위에 있는 사람들은 종종 자신의 행복, 평화, 조화가 완전하지 않고 다른 사람들이 자기 자신보다 더 많이 갖고 더 많이 누리고 있다고 우려합니다. 그리하여 의심하고 두려워합니다. 신이 자신과 여전히 함께하는지 의심합니다. 신과 영원히 분리되어 있다는 느낌 속에서 살게 될까 봐 두려워합니다. 자기 자신을 영화롭게 하기 위한 수행은 참된 자유, 행복, 평화를 가져다주지 않습니다. 어떤 경지에 도달했더라도 자신의 깨달음에 자부심을 갖는다면, 그것은 진정한 깨달음이라고 할 수가 없습니다.

나를 죽이는 일에 열심을 부리십시오.

'아직 도달되지 않은' 어떤 의식 상태를 유지한다는 것은 불가능한 일입니다.

어떤 의식 상태에 '아직 이르지 못했다'고 가정하는 것은 세상의 일입니다.

의식은 자기 스스로를 살아갑니다. 당신이 '그것'을 사는 것이 아닙니다.

되도록 신속하게, 개인의식으로부터 물러나십시오. '나'를 죽게 하십시오.

영적 수행을 하면서도 그물 안에 더 많은 고기를 잡으려고 비전을 품게 마련입니다. 그물을 버리고 '나'를 따라야 합니다.

'나의 조화', '나의 건강', '나의 공급' 같은 것은 없습니다. '그분의' 평화는 모든 깨달음에 통합니다. '그분의'의 은혜로 충분합니다.

인간적인 행복이나 불행이 무엇 때문에 그렇게 문제가 되는 것입니까? '영' 안에 사는 행복을 알아야 합니다!

인간의 평화나 불화가 왜 그렇게도 문제가 됩니까? '영혼' 안에 사는 평화를 알아야 합니다.

신체의 건강이나 질병이 왜 그렇게도 중요합니까? '신' 안에 사는 사람의 건강을 알아야 합니다!

지갑의 부나 빈곤이 왜 그렇게도 중요합니까? '사랑'의 부요함을 알아야 합니다!

세상적인 문제들에 대해 절망이 깊어지면, 신 안에서 당신의 유익을 찾게 됩니다.

나는 당신에게 삶의 진정한 비밀을 말했습니다. 신은 죽어질 것들과 함께하시지 않습니다. 죽어질 것들에서 벗어나십시오.

영적인 배움의 길에 들어선 사람의 '카드로 만든 집'이 무너지면, 그는 '손으로 만들지 않은, 영원한 하늘집' 가까이에 있게 있게 됩니다.

영적인 배움의 길! 겉거죽의 건물이 무너지면, 기뻐하십시오. 내면의 성정이 드러나게 될 것입니다.

도움을 구하는 개인의 마음은, 자기를 알아주기를 기다리고 있는 '그리스도의 마음'입니다.

'그리스도 안에' 있는 사람은 뇌, 몸, 근육 안에서가 아니라 '영혼' 안에서 자신의 역량과 능력을 발견합니다.

신체 장기들의 모든 작용과 몸의 모든 기능은 육체의 행동으로 나타나 보이는 '영혼'의 활동입니다.

모든 기술, 모든 재능, 모든 역량, 그리고 마음의 모든 능력은 실제로는 '영혼의 활동'이 그렇게 가시적으로 드러난 것입니다.

우리는 '그분' 안에서 살고 있습니다. '그분' 안에서만이 우리는 우리의 완전성과 온전성을 발견합니다. '그분'과 떨어지는 것은 나무의 뿌리가 땅에서 뽑히는 것과도 같고, 파도가 바다에서 분리되는 것과도 같습니다.

'영혼'이 공급의 원천이고 '영혼'은 무한하기 때문에, 공급은
제한될 수가 없습니다.

'영혼'은 모든 형상의 본질이고, 본성이고, 활동이며, 그 형상과
결코 분리되지 않습니다.

"할례를 받았든 받지 않았든, 아무런 문제가 되지 않습니다"(갈
5:2-4; 6:15 참조). 이것이 인피니트 웨이의 길, 곧 '중용의 길'입니
다.

죄없음은 죄의 반대편이고, 그렇기 때문에 이것은 중용의 길이
아닙니다. 건강은 질병의 반대편이기 때문에, 이것 역시 중용의
길이 아닙니다. '중용의 길'은 이것 모두를 포함하는 길입니다.

자아를 십자가에 처형하는 일은, "~위하여" 기도하고 싶은 것이
아무것도 없을 때 달성됩니다.

영적인 길을 펼쳐가는 사람들에게.

'이 세상'으로부터 온전한 이동이 이루어지기 전까지는, 인간의 삶 속에서 불화의 경험이 떠나지 않을 것입니다. 몸과 마음의 부조화와 경제적인 문제로부터 도피하거나 도망치고 싶다는 바람은, 그런 불화가 '영'과 '육'의 싸움, 다시 말해, 영 의식과 물질 의식의 싸움으로부터만 기인하는 것이기 때문에, 이루어질 수 없습니다.

길 위에 있는 사람들에게 일어나는 불화는, 영적 깨어남의 결여인 경우가 많습니다. 그러므로 '이 세상'을 이기는 길로 가는 싸움이 계속되면, 입문자는 역경 속에서도 가능한 한 싸우지 말고 고요히 있는 법을 배워야 합니다. 불리한 조건과 싸우려 하지 말고, 완전한 전환의 순간이 올 때까지 싸움이 벌어지는 것을 지켜보기만 하십시오.

영적 탐구가 깊어지게 되면, 친구나 가족의 붕괴, 건강상의 변화 등, 물질세계의 갑작스런 와해가 일어나서, 영적인 대이동,

곧 '거듭남의 문'이 열리는 경우가 적지 않습니다. 이것은 당신이 추구한 결과이자 열매입니다.

입문자가 육신의 조화와 영적인 온전성의 차이를 분별하게 되면, 대변화가 일어납니다.

나의 아들아, 가끔씩은 존재의 중심으로 들어가라. 신의 사랑이 그대를 삼키게 하라, 그리하여 '나의 평화' 안에서 평화로워라.

이제 그대는 위대한 경험을 할 때가 되었습니다. '나의' 평화, '나의' 포도주, '나의' 음식을 깨닫고, 그것을 먹을 때가 왔습니다. 보이지 않는 무한의 '본질', '법', 그리고 '근원' 안에서 살아가야 할 때가 되었습니다.

오, 나의 아이여! '나의' 평화가 그대의 것이니, 축복이 그대 위에 강림하여, 그대를 감싸고 지지해 주리라!

이제 당신은 "나는 너를 떠나지도 않을 것이고, 버리지도 않을 것이다."라는 의미를 알게 되었습니다. 이제 당신은 '영' 안에서 쉬는 법을 터득하게 되었습니다. '이 세상'은 결코 줄 수가 없는 조화 안에서 사는 법을 배웠습니다. "고요하여라, 평화, 평화가 그대에게 있을지어다."

신은 산타클로스가 아닙니다! 모든 욕망이 죄인 이유는 무엇을 주거나 빼앗는 신의 개념에 바탕을 두기 때문입니다. 또한, 무엇인가를, 누군가를, 어떤 장소를 받아들이는 주체가 신 이외에 따로 있다는 개념을 바탕으로 욕망이라는 것이 생겨나기 때문입니다.

신만이 홀로 '있기' 때문에, 신은 어디에나 없는 곳이 없이 계시는 분이기 때문에, 기도는, 참된 기도는 의식적인 하나됨의 상태이자 친교입니다.

나는 깊은 슬픔에 빠져 있었습니다. 슬픔이 너무 강렬해져서

산산조각으로 찢기는 것 같았습니다. "주님, 도대체 왜, 왜 이런 일들이 저에게 일어나야 한단 말입니까?"

깊은 곳에서부터 답이 왔습니다. "세상은 이 그리스도를 받아들일 수도 없고, 반응할 수도 없다. 인간적인 생각의 거대한 무지와 어둠 때문이다. 내가 생각으로 지어낸 것들은 나에게로 되돌아오게 마련이다. 거부와 불확실성 속에서 헤매게 되는 것도 그 때문이다."

"슬픔을 딛고 일어설 수 있도록 나에게 은혜를 베풀어 주소서." (기도가 간절해져서 기도하는 주체마저 사라져버리고 없을 때, 은총이 슬그머니 문을 열어줍니다.)

'빛'이 나를 비추기 시작합니다. '말씀'이 계시됩니다. 걸림돌이 더 이상 필요하지 않게 되면, 걸림돌은 저절로 제거됩니다. 당신은 그것을 움직일 필요도 없고, 변화시킬 필요도 없고, 제거할 필요도 없습니다. 더 이상 필요하지 않게 될 때, 저절로 제거됩니다.

감사합니다. 아버지, '사랑'에 감사드립니다.

알려진 진실이나 선포된 진실은 대개 '진실'이 아닙니다. '신 안에서'가 아니면, 진실은 진실이 아닙니다. 신 안에서 삶에 대한 깨달음과 실현에 이르게 되면, 그 사람은 영적이고, 신적이고, 신의 통치하에 있게 됩니다. 그것이 참입니다.

영적 진실은 인간성에 관한 것이 아니라, '영'과 '영의' 우주에 관한 것입니다. 인류는 최면 상태에 있으며, 환상이 깨뜨려질 때만이 '신 안에서' 살 수 있습니다.

오직 '신 안에서'만이 완전성, 온전성, 완벽성, 하나됨의 깨달음에 도달하고 그것을 실현할 수 있습니다.

성취는 '진실'에 대한 모든 개념에서 벗어난 경우에만, 은총에 의해 오게 됩니다.

'생명', '진실', '사랑'의 모든 개념을 버릴 때만이, '신 안에' 서게 됩니다.

무덤 너머의 삶은 불멸과 아무런 관련이 없습니다. 무덤 너머의 삶은 개인의 생존에 지나지 않습니다. 개인성은 죽습니다—불멸이 실현될 수 있으려면, 개인성은 무덤의 이쪽에서든 저쪽에서든 죽어야 마땅합니다. '불멸의 자아'는 항상 존재합니다. 인격으로 옷을 입었을 때조차도. 하지만 '불멸의 자아'는 개인성이, 인간의 자아관념이 사라지는 것에 비례해서만 드러나게 됩니다.

안전, 건강, 마음의 평화 같은 개인의 선에 대한 관심과 걱정이 남아 있는 한, '영으로 거듭나서' 지금 여기에서 불멸을 실현하기까지, '매일 죽어야' 하는 것이 있게 됩니다.

인간의 마음이 활동하는 영역에서 드리는 기도는 참된 기도가 아닙니다.

생각이나 지성을 통해 신과 접속하려는 모든 시도는 실패했으며, 항상 실패하게 될 것입니다. 신은 오직 '영혼'을 통해서만, '영혼'의 기능을 통해서만 알려질 수 있습니다.

지성을 통해 언명되는 기도는 그 기도에 대한 믿음에 비례해서만 결실로 돌아오게 됩니다.

'알려지지 않은 신'에 대한 믿음은 맹목적인 믿음의 조화만을 가져옵니다. 신은 '영혼'을 통해서 알려지고 이해되어야 합니다.

고급반 학생들에게.

여러분은 알려질 수 있고, 이해될 수 있고, 인간적으로 받아들여질 수 있는 모든 진실을 아는 경지에 이르렀습니다. 이제 여러분은 인간적인 소통 수단을 통해서가 아니라 영적 수단을 통해서 자기 스스로를 계시하는 '진실'을 위해 더 높이 날아올라야 합니다.

진보된 영혼들, 영적인 교사로 자처하는 사람들이 왜 여전히 병이나 다른 문제들을 경험하게 될까요? 그들 안에 남아 있는 세상적인 의식, 물질 의식이 자기 자신을 표현하고 있는 것입니다. 표현되지 않는 의식은 없습니다. 약간의 인간적 의식이 남아 있어도 인간적인 선이나 악으로 자기 자신을 표현할 것입니다. 이것이 법입니다. 선과 악의 이 두 가지는, 영적 의식이 펼쳐지는 정도에 비례하여 물질적인 감각의 더 많은 부분이 뿌리 뽑힐 때까지, 어깨동무를 하고 남아 있을 것입니다. 부활조차도 인간적인 실수의 모든 흔적과 함께, 몸에 대한 물질적 감각을 불러일으켰습니다. 승천을 통하여, 순수한 영성이 드러났습니다.

영적인 길 위를 가는 많은 이들이 황무지에 이르게 됩니다. 사막이나 광야 같은 곳에서 그들은 신이 자신들을 버렸다고 믿습니다. 때로는 그리스도께서 그들을 버리신 것처럼 보이기도

합니다. 그때 영적인 구도자가 기억해야 할 것은, 자신이 아직 이르지 못했다는 것이고, 그가 '진실', '그리스도', '신'에 대한 완전한 깨달음이나 실현이라고 믿었던 것은 '성령'의 충만함이 아니었다는 것입니다. 광야의 이런 경험들은 그가 더욱 밀고 나아가야 할 길이 남아 있다는 것을 보여줍니다. 빛이 완전하게 오게 되면, "나는 너를 떠나지 않을 것이고, 버리지도 않을 것"이라는 안전지대 안에 있게 될 것이기 때문입니다. 부조화와 불화는 인간의 감각에만 나타난다는 것을 기억하십시오. 영은 꿰뚫어보고, '실재'에 이릅니다.

믿음은 과거나 미래를 걱정하지도 않고, 관심하지도 않습니다. 믿음은 현재에, 오직 지금에만 이루어지는 활동입니다.

믿음은 진실성만큼이나 의식의 활동입니다. 믿음은 항상 당신 안에 있고, 진실성과 마찬가지로, 잠자고 있는 것처럼 보일지라도, 지금 여기에 있습니다. 개인적인 의식의 활동으로서 믿음이 없는 곳 없이 존재한다는 것을 인정하고 알아차리는 일은, 그것을 눈에 보이는 형상으로 나타나게 하기 시작합니다.

믿음은 사람의 자질이 아니라, 신의 품성입니다. 하지만 그것은 신의 품성으로서, 자신의 모든 온전함 안에 스스로 존재합니다. 신의 능력이 '꿈' 속에서 기능하기를 기대하지 마십시오, 꿈을 깨뜨려 주기를 기대하십시오.

꿈을 조정하거나, 변화시키거나, 치유하기 위해서 신과 접속하려고 하지 마십시오. 신에 대한 이해 내지는 앎은 꿈을 깨게 해줍니다.

꿈속에서 자신이 기능해 오고 있었음을 아는 것이, 깨어남의 시작입니다.

참된 무저항은 신이 꿈속에서 기능해 주실 것을 기대하지 않는 능력입니다. 이것은 신 없이 사는 것을 뜻하는 것이 아니라,

자신의 삶이 영원히 신 안에 있음을 자각하는 것입니다.

신의 '도움'을 구하지 않으려고 하는 것은, 실재 안에서 살기 위해서입니다.

더 이상 신께 손을 뻗지 않는 것, 더 이상 신의 도움을 구하지 않는 것은, 꿈에서 현실로 깨어나자는 것입니다.

신을 필요로 하는 느낌이 일어날 때마다, 그는 꿈속에서 살고 있는 것입니다.

신은 악, 죄, 질병, 죽음을 극복하기 위한 힘이 아닙니다. 신은 결코 싸움에 결코 참여하지 않습니다. 신은 무엇을 극복하기 위한 힘도 아니고 무엇을 파괴시키기 위한 능력도 아닙니다.

신은 생명입니다. 신은 사랑입니다. 다른 어떤 것도 아닙니다. 오직 '신'만이 있으십니다.

사람들과의 관계에 대해 걱정하지 마십시오. 의식적으로 신과의 관계를 유지하십시오. 그러면 다른 모든 것은 저절로 돌보아질 것입니다.

신과의 관계를 성스럽고 은밀하게 유지하십시오. 침묵과 비밀로 유지되는 이 관계는 조화로운 인간관계와 경험으로 나타나게 됩니다.

신은 당신과 당신의 형제자매들, 동물, 식물, 미네랄 가족을 이어주는 접착제입니다.

생각이 사람, 장소, 사물 위에서 살아갈 때, 당신은 꿈속에서 기능하고 있는 것입니다.

당신의 생각이 영적 묵상 안에서 모든 사람, 장소, 사물과 하나가 될 때, 영적 기쁨이 샘솟습니다.

두 가지 큰 계명이 있으니, 이것은 전 우주에 통하는 법입니다. 첫째, 다른 신이나 힘을 가지지 말라. 둘째, 네 이웃을 자기 자신처럼 사랑하라. 아무런 대가를 기대하지 말고 베풀라.

"힘으로는 어느 누구도 그를 이기지 못할 것이니… 주께서 그의 대적들에게 복수해 주실 것이기 때문입니다."

우리가 오감으로 인식하는 것은 마음의 대상들로서, '진실'과는 아무 관계가 없습니다.

나타난 모든 것은 감각의 대상들로서, '신'께, '진실'에 속하지 않습니다.

대상으로 목격된 모든 것은 마음의 이미지나 투사물로 이해되어야 합니다. 그것들은 영적 실재가 아닙니다.

현실의 감각 형성의 바탕이 되지만, 영적 의식에 의해서만 분별

됩니다.

감각 세계, 곧 인간 경험은 시간과 공간 안에서 일어납니다. 이는 자체적으로 그 본성상 자신의 영성, 곧 영으로서의 존재를 배제합니다.

'영', '진실', '신'은 영원 안에서의 활동입니다. 따라서 출생, 질병, 사고, 사망은 발생하지 않으며, 그렇게 이해되어야 합니다. 인간의 모습으로 나타나는 모든 경우, 심지어 훌륭한 인간 또는 조건으로 나타날 때조차도, 이것은 참이 아니라, 생각을 통해 나타난 마음의 이미지에 지나지 않아서, 실재성, 법, 본질, 원인이나 결과가 없습니다. 그런 다음 의식을 더 깊이 '보고', 과거, 현재, 미래로 나타나 보이는 것에서도 영원을 보도록 하십시오.

시간과 공간 안에서 발생하는 일들은, 겉보기의 가치에 따라 받아들이지 마시고, 더 깊이 '영혼'의 영역 안에서 가치를 찾도록 하십시오.

새로운 지평

불화와 다툼, 질병과 사망의 그림들을 보여주는 감각은, 인간 존재의 모든 꿈을 만들어내는 전세계적인 최면술사라고 해야 할 것입니다. 불화의 세상 환경이 실재가 아닌 것과 마찬가지로, 조화로운 인간 존재 역시 실재가 아니라는 것을 이해해야 합니다. 인간의 삶에서 일어나는 모든 장면들이 최면 상황입니다. 그러니 바람직한 인간의 상황에 대한 바람조차도 넘어서야 합니다. 암시, 신념, 혹은 최면은 죽어질 인간 세계 전체의 본질이요, 얼개이며, 선과 악의 인간 조건 모두가 실재도 없고 지속성도 없는 꿈속의 그림들입니다. 필멸의 인간 조건들뿐만 아니라 조화스러운 상황들 역시 우리의 경험에서 사라지기를 바라는 것은, 실재를 알고, 그것을 즐기고 살기 위함입니다.

감각을 기반으로 하는 삶을 넘어, '사랑'에 의해 다스려지는 영의 세계, '진실'의 집이나 사원에서 살아가는 신의 자녀들의 영적 세계가 있습니다. 이 세상은 실재하고 영원합니다. 그것의 본질은 영원한 '의식'"입니다. 그 안에는 불화에 대한 인식도 없고, 일시적인 선, 물질적인 좋음에 대한 인식도 없습니다.

'실재', 곧 '영혼'의 영역을 얼핏이나마 인식하게 되는 것은, 모든 일시적 조건들과 경험들은 자기최면의 산물이라는 사실을 알아차리고 깨닫는 일과 함께 오게 됩니다. 인간의 삶에서 일어나는 모든 장면은, 선한 장면이든 악한 장면이든, 모두가 다 환상이라는 깨달음과 더불어, 신의 창조 세계와 영적 왕국에서 살아가는 신의 자녀들의 세계를 처음으로 엿보게 되고, 맛보게 됩니다.

의식이 고조된 이 순간에, 비록 희미하게나마, 우리는 물질적이고 죽어질 인간 조건과 율법으로부터 자유로운 우리 자신을 바라보게 됩니다. 우리는 감각의 속박으로부터 떨어져 있는 우리 자신을 보게 되고, 어느 정도는 영원한 '생명'과 무한 '의식'의 무경계를 엿보게 됩니다. 유한한 존재의 족쇄가 스러지기 시작합니다. 가치를 매기는 가격표가 사라지기 시작합니다.

우리는 더 이상 인간의 행복이나 번영에 대한 생각 속에서 살지 않습니다. 건강이나 가정사에 대해서도 더 이상 걱정하지 않습니다. '더 넓고, 더 광대한 전망'에 주목하게 됩니다. 신성한 존재의 자유함이 새롭게 떠오르고, 점점 더 명백해집니다.

그 첫 경험은, 세상이 우리 앞에서 지평선 너머로 사라지는 것을 지켜보는 것과도 같습니다. 이 세상에 대한 집착이 없어집니다. 그 경험은, '이 세상'의 것들에 대한 우리의 욕구가 상당한 정도로 극복될 때까지는 오지 않을 것입니다. 처음에는 감히 그렇게 말할 수가 없습니다. "아직은 나를 건드리지 말아 줘. 난 아직 승천하지 않았으니까."라는 감각이 있습니다. 나는 여전히 두 세계 사이에 있습니다. "거기에 대해 말하면, 내가 퇴보할 수도 있으니 나를 건드리지 말아 줘. 거기에 대해서는 말도 하지 말아 줘. 내가 일어설 수 있게 자유롭게 놓아줘. 내가 최면술에서 깨어나 그 그림들에서 완전히 놓여나면, 그때 눈으로 보지 못하고 귀로 듣지 못했던 많은 것들에 대해 너에게 말해 줄게."

세상에 두루 퍼져 있는 환상이 우리를 이 지상에, 이 일시적인 조건들에 묶어놓습니다. 이것을 알아차리고, 이해하십시오. 왜냐하면 이 이해를 통해서만이 우리는 우리의 어깨 위의 짐을 가볍게 할 수 있기 때문입니다. 우리가 더 좋은 인간 조건, 육적으로 더 크고 더 좋은 것들에 대해 더 많이 매료될수록, 환상은 더욱 더 강렬해집니다. 우리의 생각이 신에 대해, '영'의 것들에 대해 더 많이 머물수록, 우리는 한계로부터의 자유를 더 많이 누릴 수 있게 됩니다. 세상의 불화에 대해서도, 조화에 대해서도 생각하지 마십시오. 인간 존재의 악을 두려워하지 말고, 선도 사랑하지 마십시오. 우리가 이를 성취하는 정도에 비례하여, 우리의 경험 속에서 최면의 영향이 줄어들게 됩니다. 지구에의 속박이 사라지기 시작합니다. 제한의 족쇄가 풀어지기 시작합니다. 잘못된 환경은 영적인 조화에 자리를 비켜줍니다. 죽음은 영생에 자리를 내어줍니다.

지금 여기에서 하늘나라를 처음으로 엿보는 일은, 우리 자신의 승천의 시작입니다. 이 승천은 이제 '이 세상'의 조건과 경험을 초월하여 상승하는 것으로 이해되고, 우리는 영의 '의식', '실재'의 인식으로 우리를 위해 준비된 '많은 저택들'을 봅니다.

우리는 육적 감각의 증거에 얽매이지 않습니다. 우리는 눈에 보이는 공급에 제한을 받지 않습니다. 우리는 눈에 보이는 유대나 경계에 한정지어져 있는 것이 아닙니다. 우리는 눈에 보이는 시간이나 공간 개념에 묶여 있지 않습니다. 보이지 않는 무한한 '영'의 영역, '영혼'의 영역으로부터 우리는 우리의 선을 즉각적으로 알아차릴 수 있습니다. 우리의 선에 대해서는, 소위 감각에 기반을 둔 증거에 의해 판단하지 말아야 합니다. 우리의 '영혼'의

엄청난 자원으로부터 우리는 풍요로운 생활을 위해 우리가 활용할 수 있는 모든 것을 즉시 알아차립니다. 우리가 눈에 보이는 것들 너머로 보이지 않는 위대한 것들을 보게 되면, 우리는 온갖 좋은 것들을 갖고 누릴 수 있습니다. 위를 보십시오! 위를 보십시오! 하늘 왕국이 가까이에 있습니다!

나는 당신의 경험 속에 '나의' 존재에 대한, '나의' 영향에 대한 증거로서, 당신을 위해 한계의 감각을 깨뜨리고 있습니다. '나'—당신의 '나'—는 영적 존재의 조화와 무한성을 드러내는 당신의 한가운데에 있습니다. '나'—당신의 '나'—는 '나'에 대한 한 개인의 감각이 아닙니다. 한 개인이 아닌, '당신의 나'는 언제나 당신과 함께합니다. 위를 보십시오.

새 예루살렘

"이전의 것들이 지나갔고, 모든 것이 새로워졌습니다. …예전에는 보지 못했으나, 이제는 보게 되었습니다.""청동 거울로 보듯이 희미하게 보이는 것이 아니라""얼굴과 얼굴을 맞대고 보듯이" 훤히 보입니다(고전 13:12 참조). 그렇습니다. 나는 몸을 입고 있으면서도, 하나님을 보았습니다. 언덕들이 굴러 없어지고, 끝 간 데를 알 수가 없이, 하늘나라의 빛이 만물을 비추어 주고 있습니다.

그토록 오랫동안 찾아왔던 오, 예루살렘이여, 이제야 내 순례의 발길이 하늘나라의 땅에 닿게 되었습니다. 이제 황무지는 더 이상 없습니다. 비옥한 땅이 내 앞에 있으니, 일찍이 꿈도 꾸어보지 못했던 모습입니다. 오, "거기에는 밤이 없으리라"는 그 모습 그대로입니다. 한낮의 태양과도 같은 빛의 영광이 가득합니다. 하나님은 빛이시기에 어떠한 빛도 필요하지 않습니다.

나는 자리에 앉아 쉬고 있습니다. 나무 그늘에 앉아 쉬면서,

당신 안에서 나의 평화를 발견합니다. 당신의 은혜가 평화입니다. 오 주여, 세상에서 나는 피곤하였지만, 당신 안에서 이제 나는 편히 쉽니다.

말의 숲에서 나는 길을 잃었습니다. 진리의 글자 속에는 피곤과 두려움이 있었습니다. 하지만 '당신의 영'만이 그늘을 드리워주고 물과 휴식을 줍니다.

'당신의 영혼'으로부터 얼마나 멀리 떨어져서 헤매 왔는지요. '부드럽고 참된 이여', 내가 당신으로부터 얼마나 멀리 멀리 떨어져 있었던 것인지요! 말, 말, 말의 미로에서 얼마나 헤매어 왔던지요! 하지만 이제 나는 돌아왔으니, '당신의 영' 안에서 나는 나의 생명을, 나의 평화를, 나의 힘을 찾을 것입니다. '당신의 영'은 생명의 빵이며, 나는 결코 배고프지 않을 것입니다. '당신의 영'은 생명수이니, 나는 결코 목마르지 않을 것입니다.

지친 방랑자였던 나는 주님을 찾았고, 이제는 피곤함이 사라졌습니다. '당신의 영'은 나를 위해 천막을 지어주었고, 이제 그 시원한 그늘에서 나는 머무르고 있습니다. 평화가 내 영혼을 가득 채웁니다. 당신의 현존이 나를 평화로 가득 채웁니다. 당신의 사랑이 내 앞에 '영'의 잔치를 베풀어 줍니다. 그렇습니다. '당신의 영'은 나의 쉼터요, 진리의 글자들이 난무하는 사막의 오아시스입니다.

나는 온갖 논쟁의 소음으로부터 달아나 '당신' 안에 숨을 것입니다. 인간의 온갖 말들의 공허한 잔치에서 벗어나 '당신의' 의식 안에 머물 것입니다. 오, 평화의 주여, 그들은 '당신의' 옷을 찢고, '당신의' 말씀을 놓고 다툽니다. 그렇습니다. 세상에는 그들의 헛된 말들만이 공허하게 떠돌 뿐, '당신의 말씀'은 간 곳이 없습니다.

나는 거지로서 새 하늘과 새 땅을 찾았고, '당신'은 나를 모든 것의 상속자로 삼아 주셨습니다.

내가 '당신' 앞에 어떻게 서 있을 수 있겠습니까? 나는 '당신' 앞에서 침묵할 수밖에 없습니다. 마음으로 묵상하는 것 외에, 내가 어떻게 '당신'을 기릴 수가 있겠습니까?

'당신'은 칭찬과 감사를 구하지 않고, 가슴으로 '당신'을 이해하는 것만을 받아들이십니다.

나는 '당신' 앞에서 침묵을 지킬 것입니다. 나의 '영'과 나의 '영혼'과 나의 '침묵'은 '당신'의 거처가 될 것입니다. '당신의

영'은 나의 명상을 가득 채우실 것입니다. 그리하여 그 가운데에서
나는 온전하게 유지될 것입니다. 오, 부드럽고 참된 이여, 나는
이제 '당신' 안에 돌아와 있습니다. 고향에 돌아와 있습니다.

"인피니트 웨이" 수련법

1. 허리를 곧추세우고 편안한 자세로 앉는다. 발은 바닥에 가지런 히 모으고, 두 손은 무릎 위에 가볍게 얹어놓는다. 숨을 천천히 들이쉬고 멈추고 내쉰다. 반드시 따라야만 하는 신비적인 원칙 같은 것은 없으며, 몸을 의식하지 않을 정도로 마음이 편안하면 된다. 숨을 천천히 들이쉬고 내쉬기를 네다섯 번 반복하면서, 마음을 고요하게 한다.

2. 다음에는 "나는 내 안의 그리스도에 마음을 집중합니다."라는 말을 되풀이한다. 소리내어 말하거나 마음으로만 그렇게 하거 나 상관이 없다. 생각이 들어오면, 그때마다 이 말을 되풀이한 다. 누구의 지도나 안내 없이 스스로 명상에 들어가도록 한다.

3. 누구도 마음을 완전하게 멈춰 세울 수는 없다. 인간적인 생각이 나 관심사가 마음에 떠오르더라도 그것과 싸우려고 해서는 안 된다. 마음을 편하게 갖는 것이 중요하다. 생각이 오면 오는 대로, 가면 가는 대로 맡기는 것이 중요하다. 자주 연습하

다보면, 방해되는 생각꺼리들이 차츰 가라앉는 단계로 진입하는 시간이 짧아질 수 있다. 인내심을 갖고 하루에 10분씩이라도 꾸준히 하는 것이 중요하다.

4. 이제는 "하나님은 누구인가?"라는 주제로 의식을 옮겨간다. 다른 사람들이 하나님을 어떻게 생각하든 그것은 당신이 관심을 가질 분야가 아니다. 당신 자신을 향해 "하나님, 당신은 누구입니까?"라는 질문을 절실하게 제기해 놓고, 그 대답을 기다려야 한다. 하나님의 나라는 당신의 내면에 있으므로, 대답은 당신 자신의 존재의 안쪽에서부터 오게 된다. 고요히 앉아서, "주여, 말씀해 주소서. 당신의 종이 여기에 있습니다." 혹은 "아버지, 내가 여기에 있습니다. 말씀하소서."라는 의식이 되어 기다린다.

5. 어떠한 내용이든 주어지는 말씀을 다 받아들이겠다는 전폭적인 수용의 자세를 갖추는 것이 중요하다. 인간적인 생각이나 걱정거리가 떠오를 수도 있다. 그럴 때마다 우리들 존재의 근원인 하나님에 대해서, 전지전능하고, 없는 곳이 없이 모든 곳에 계시는 하나님에 대해 생각을 뻗쳐 보라.

6. 궁극의 기도란 "하나님, 당신은 누구입니까?"라는 깊은 물음의

상태일 수도 있다. 그렇게 절실한 물음 속에 머물다 보면, 하나님이나 기도에 대한 생각의 상태가 그치고, 갑자기 아무런 생각도 없는 경지가 펼쳐질 수 있다. 아무런 생각이 없이, 질문도 없이, 대답을 기다리지도 않고, 깊고 깊은 평화의 상태에 빠질 수 있다. 생각이 그치면, 내면의 귀가 열리고, 길고 깊은 호흡이 이어지면서, 깊은 안도의 느낌이 다가온다. 무거운 짐을 이제 막 벗어놓은 것처럼, 감옥 같은 곳에서 비로소 탈출한 것처럼, 홀가분한 평화가 펼쳐진다. 이런 평화는 여러 형태로 표출될 수 있다. 성령이 충만한 가운데 자리에서 일어나 그날의 일을 시작할 수도 있다. 그 일은 한동안 태만했던 일일 수도 있다. 어떤 일이든 편안한 상태에서 신성한 지혜와 힘으로 신성한 안내를 받아서 '함이 없는 함'으로 하게 된다.

7. 인간적인 근심걱정이나 판단이 끼어들 때마다, '신성한 상태'로 재빨리 돌아가는 것이 중요하다. 연습을 되풀이하면 '클릭!' 하는 순간 곧바로 나의 존재를 떠받들고 있는 신성한 기운을 의식하고, 신성 자체의 흐름 속으로 들어가게 된다.